国家示范骨干高职院校重点建设专业系列教材

饲料营销技术

戴益刚　李　宁　主编

中国农业大学出版社
·北京·

内容简介

本教材以饲料营销为主线，按照项目导向、任务驱动的教学模式组织教学内容。全书分为市场营销认知、调查分析饲料市场环境、饲料市场细分与市场定位、饲料营销策略选择与实施、饲料购买客户的建立与服务等五个项目，共23个工作任务，每个工作任务包括：能力训练、案例、导读和练习题。突出了饲料行业的特色和专业特色，具有很强的可操作性，能够较好地提高学生的语言表达能力、活动能力、分析问题与解决问题的能力。

图书在版编目(CIP)数据

饲料营销技术/戴益刚，李宁主编. 一北京：中国农业大学出版社，2013.2(2017.8 重印)
ISBN 978-7-5655-0669-7

Ⅰ.①饲… Ⅱ.①戴… ②李… Ⅲ.①饲料-市场营销学 Ⅳ.①F762.5

中国版本图书馆 CIP 数据核字(2013)第 011929 号

书　名 饲料营销技术
作　者 戴益刚　李　宁　主编

责任编辑 姚慧敏　　**责任校对** 陈　莹　王晓凤
封面设计 郑　川
出版发行 中国农业大学出版社
社　址 北京市海淀区圆明园西路 2 号　　**邮政编码** 100193
电　话 发行部 010-62818525,8625　　读者服务部 010-62732336
编辑部 010-62732617,2618　　出　版　部 010-62733440
网　址 http://www.cau.edu.cn/caup　　**e-mail** cbsszs@cau.edu.cn
经　销 新华书店
印　刷 涿州市星河印刷有限公司
版　次 2012 年 12 月第 1 版　2017 年 8 月第 3 次印刷
规　格 787×1 092　16 开本　7 印张　170 千字
定　价 14.00 元

编写人员

主　编　戴益刚（黄冈职业技术学院）
　　　　　李　宁（黄冈职业技术学院）

副主编　黄　旭（上海新农集团）
　　　　　江发权（青岛蔚蓝生物集团）

参　编　姜莉莉（黄冈职业技术学院）
　　　　　李杏元（黄冈职业技术学院）
　　　　　吴佳新（黄冈职业技术学院）
　　　　　杨　剑（武汉华扬动保集团）
　　　　　李志炎（湖北武穴市佳绿畜牧业有限公司）
　　　　　李志勇（长沙成龙饲料有限公司）

前　言

我国饲料工业自20世纪70年代末正式起步以来，经过30年的发展，饲料工业从无到有、从小到大，总体规模已位居全球第一位，成为我国工业体系中重要的支柱产业之一。

饲料业是竞争最为激烈的行业，充满了机遇和挑战。饲料的营销是饲料企业的工作重心。饲料营销员必须掌握市场营销基本理论、基本知识、基本技巧，熟知饲料营养、畜禽饲养管理以及畜禽疾病防治等专业知识。目前，每年都有大批的动物科学、动物医学专业毕业生从事饲料营销工作。由于他们没有系统地接受市场营销知识的学习与实践，适应工作岗位的时间就比较长。因此饲料企业强烈要求学校开设饲料营销技术课程。从高职高专办学目的和人才培养目标出发，适应学生与企业的要求，黄冈职业技术学院于2008年开始开发饲料营销技术课程。经过几年教学、培训和企业实践，黄冈职业技术学院畜牧兽医专业团队和上海新农集团、青岛蔚蓝生物集团、武汉华扬动保集团、湖北武穴市佳绿畜牧业有限公司、长沙成龙饲料有限公司的营销精英一起，共同编写了这本《饲料营销技术》。

本书以饲料营销为主线，按照项目导向、任务驱动的教学模式组织教学内容。教材突出了饲料行业特色和专业特色，具有很强的可操作性，能够较好地提高学生的语言表达能力、活动能力、分析与解决问题的能力。

本书由五个项目构成，戴益刚、黄旭、江发权编写了第一、第五个项目，杨剑、李志炎、李志勇负责编写第二个项目，李宁、姜莉莉、李杏元、吴佳新负责编写第三、第四个项目，戴益刚、姜莉莉负责教材的审阅工作。

由于水平有限，经验不足，因此，教材中的错误之处仍然较多，恳请广大读者批评指正。

编　者

2012年11月

目 录

绪 论

◆**学习目标**

1. 通过学习，你能够了解学习饲料营销技巧的意义、方法。

2. 通过学习和思考，你能够更好地掌握饲料营销的特征、开启充满激情的饲料营销之旅。

我国饲料工业自20世纪70年代末正式起步以来，经过30余年的发展，饲料工业从无到有，从小到大，走过了许多发达国家数十年才走完的历程。2011年，全球的饲料产量达8.73亿吨，其中中国的饲料产量已超过美国，位居全球第一，达1.75亿吨；占全球饲料产量的20%，现已成为我国工业体系中重要的支柱产业之一。与此相适应，高等农业院校动物科学、动物医学专业为了能够培养出适应饲料企业需要的营销人才，纷纷开设了《饲料营销学》、《兽药与饲料营销学》以及《市场营销学》等课程。饲料营销工作与其他产品的营销工作有很大的区别，饲料营销员除了需要掌握市场营销基本理论、基本知识、基本技巧外，还必须掌握动物营养理论、饲料学理论、饲养管理知识以及疾病防治等专业知识。正由于此，很多饲料企业在招聘营销工作人员时都主要面向动物科学专业或者是动物医学专业学生。当前，相关课程的建设和发展与市场需求相脱节，目前市场上没有较合适的统编教材，大部分以普通市场营销学进行授课，忽视了行业和专业的特点，达不到理想的教学效果。总结起来，饲料营销学课程有如下特点：

1. 饲料营销的行业特点突出

饲料与普通大众消费品相比有很大的不同，使用对象仅仅局限在养殖户的范围内，使用效果明显，各个饲料生产企业的产品差别不大，产品的同质化程度高。如果以普通的营销学理论来指导饲料营销，有些理论就会在饲料行业上体现出局限性。比如，饲料这种产品，从养殖户的角度考虑，其购买饲料是为了生产畜产品，可以属于消费者的消费品；适用于消费者市场的理论：但是从普通消费者的角度考虑，饲料是用来生产畜产品的，属于生产资料，适用于生产资料市场理论。饲料产品的这些特殊性，决定了饲料营销的过程中，更多地依赖于畜牧兽医相关专业的专业知识和专业技能，并以此对相关的行业做服务。

如果忽视了这些实际问题，以普通营销学的理论来进行饲料营销课程的讲授，则容易使具有鲜明行业特点的饲料产品变得与其他产品没有区别。作为饲料营销人员来讲，同样具有明显的行业特征。饲料营销人员除了要掌握营销学的基本原理，基本方法之外，还要精通动物营养、饲料科学以及疾病防治等知识。并且尽可能地在营销工作当中将这些专业知识和营销知识有机地结合在一起。因为，饲料营销人员经常打交道的对象是文化水平相对较低、专业知识较差的基层养殖户。因此，饲料营销学除了要介绍营销学的基本原理、基本规律、常用策略之外，还要更多地渗透饲料营养以及兽医等专业知识，以便为将来的营销做丰富的储备。

2. 饲料营销的服务作用显著

饲料企业生产的饲料产品，主要的目标客户是养殖户。饲料营销人员对养殖户的服务具有非常重要的意义，据统计，养殖户放弃一家饲料产品改投其他家饲料产品的原因中，有50%

是由于对服务的不满意。养殖户购买饲料并不意味着营销工作的结束,恰恰相反,这只是个开始,因为对养殖户来说,饲料产品的价值体现在产品购买后到使用结束这一个过程中能否满足养殖户的需求,牛场购买饲料不是最终目的,其最终目的是购买一种劳务,这种劳务能够帮助其实现奶牛的健康生长和高产奶量,保证牛场有一个好的经济收益,现实中的这种劳务必须由饲料作为一个载体才能实现。因此,养殖户购买饲料不是最终目的,最终目的是购买一套能够给其带来经济效益的服务,这种服务必须借助饲料产品的营销活动才能提供。类似的案例在普通市场营销学课程中是涉及不到的,但是在饲料营销学授课过程中要时刻贯穿类似的服务理念,因为随着市场竞争的加剧,很多饲料企业在进行产品竞争的时候,其实进行的是服务的竞争,哪个企业能够给养殖户提供更多的服务,能够为养殖户创造更多的经济效益,哪个企业就会在市场竞争中占据优势。因此,很多饲料企业推崇顾问式销售,要求饲料营销人员作为业务顾问,帮助养殖户解决在饲养各个环节出现的问题,真正能够给养殖户提供具体的服务和指导,以此达到真正地满足顾客需求增强企业的竞争能力的目的。因此,饲料营销学需突出服务的特色。

3. 饲料营销的实践性更强

市场营销学本身就是实践性较强的课程,营销理论的最终目的是为了指导营销实践饲料营销过程中,需要将各种营销理论融入到与养殖户打交道的各个方面中,不仅要有营销学的实践经验还要有饲料专业的实践经验,表现出更强的实践性。在饲料产品营销活动中,每一具体事件或活动,都受到很多因素的影响,不可能产生唯一的或最优的答案,比如导致奶牛产奶量下降的原因有哪些,可能有很多因素,但是肯定有一个是当前最主要的。我们要能够找到它,并且通过实践经验加以改进,使之得到改善,这个过程看起来是一个饲料专业的问题,但是其实质也是营销实践的问题。无论从专业的角度还是从营销的角度,饲料营销学都是一门实践性极强的课程,它所强调的是具体问题具体分析。更何况,营销工作无定式,昨天的成功只能代表你昨天曾成功过,并不代表你今天乃至明天一定会取得成功,昨天的成功案例也只是未来工作的借鉴而已。

总之,随着我国饲料行业的飞速发展,饲料营销学已经成为很多农业院校动物科学、动物医学等专业学生的专业课或专业选修课,相比普通的市场营销学,饲料营销学有很多自己的课程特点。饲料营销学课程在发展的过程中也存在许多问题,除了要吸收普通营销学的精华之外,还要大量渗透饲料营养和畜牧兽医的专业知识,并需要在长期的教学实践过程中进行修正,以帮助学生在就业上、企业在招聘上的供给和需求的长期稳定发展。

◆练习题

1. 谈一谈饲料营销与其他行业的营销的相同点与不同点。
2. 你如何看待饲料营销的服务特征?
3. 你理解的饲料营销技巧是什么?

项目一　市场营销认知

◈学习目标

1. 通过学习，了解市场营销的基本概念，正确认识饲料营销市场和营销工作。
2. 通过学习，知道作为一名合格的饲料营销员需要尽到哪些职责，具备哪些素质。
3. 通过训练和思考，能分析辨别营销观念，具有规范的营销礼仪修养。

任务一　认识营销

一、能力训练

1. 阅读案例，分析出现不同销售结果的原因。
2. 尝试给营销下一个定义。
3. 讨论、列举饲料经销商常见的需求有哪些。
4. 用4个词概述成功营销具备的要素，并按重要性进行排列。
5. 以同学扮演的客户为对象，推介产品或与同学交换物品。

◈案例

不同的人，相同的事

销售员小赵拜访经销商李老板时，急于求成，走到李老板的饲料店里，相互寒暄之后就开始向李老板灌输自己企业如何有实力，如何优秀等信息，也不管李老板是否愿意听，是否听得进去。讲完之后，小赵觉得自己讲地很到位，但李老板无动于衷，小赵最后白费功夫。

销售员老孙同样拜访了经销商李老板。

老孙："李老板，最近饲料生意好吗？哪个品牌好卖些？"

李老板："哎，别提了，这段时间的饲料生意实在是太差了，没有哪个品牌卖得让人称心……"

老孙："你怎么不试试我们的饲料，我们是大品牌，有知名度，质量有保证。"

李老板："你们的饲料好是好，就是太贵了。"

老孙："那要看你怎么算了，我们的饲料效果好，要是按用料结束后每500克毛猪的饲料成本算的话，我们价格比有的牌子还便宜一些。"

李老板："那要是效果没有别的饲料那么好，怎么办？"

老孙："你帮忙找一个养猪场，我送些饲料过去，做一个对比试验，可以直接看到结果，你看怎样？"

李老板："那试试看吧"！

对比试验做得很成功，养殖户非常满意，李老板终于同意卖老孙的饲料。

二、导读：现代营销

很多人将市场营销单纯地理解为销售，我国不少饲料企业往往只是要求营销部门通过各种手段设法将企业已经生产的产品销售出去，营销部门不能对企业的全部经营活动发挥主导作用和产生重大影响。然而，事实上市场营销的内涵是比较广泛的，要重视销售，但更强调企业应当在对市场进行充分的分析和认识的基础上，以市场的需求为导向，规划从产品设计开始的全部经营活动，以确保企业的产品和服务能够被市场所接受，从而顺利地销售出去，并占领市场。

美国著名的营销学者菲利浦·科特勤对市场营销作了如下描述："市场营销是个人或群体通过创造，提供并同他人交换有价值的产品，以满足各自的需要和欲望的一种社会活动和管理过程"。在这个核心概念中包含了：需要、欲望和需求；产品或提供物；价值和满意；交换和交易；关系和网络；市场；营销和营销者等一系列的基本概念。

1. 需要、欲望和需求

市场营销的核心概念告诉我们，消费者的需要、欲望和需求是市场营销的出发点。这里"需要"、"欲望"、"需求"三个看来十分接近的词汇，其真正的含义是有很大差别的。

(1)需要。需要是指人们生理上、精神上或社会活动中所产生的一种无明确指向性的满足欲，就如饥饿了想寻找食物。需要既包括物质的、生理的需要，也包括精神的、心理的需要，具有多元化、层次化、个性化、发展化的特性，营销者只能通过营销活动对人的需要施加影响和引导，而不能凭主观臆想加以创造。

(2)欲望。人类想得到上述某些基本需要的具体满足物的愿望，是更深层次的需要的满足。如饥饿了想寻找食物，如果具体到想要面包、米饭还是馒头，"需要"就变成了"欲望"。人的需要是有限的，而人的欲望是无限的，强烈的欲望能激励人的主动购买行为。

(3)需求。需求是人们有能力并且愿意购买某种产品的愿望。对企业的产品而言，有购买能力的"欲望"才是有意义的，才能真正构成对企业产品的"需求"。

马斯洛理论把需求由较低层次到较高层次依次分成生理需求、安全需求、社交需求、尊重需求和自我实现需求五类。各层次需求的基本含义如下：

生理需求：这是人类维持自身生存的最基本要求，包括饥、渴、衣、住、性等方面的要求。如果这些需求得不到满足，人类的生存就成了问题。在这个意义上说，生理需求是推动人们行动的最强大动力。马斯洛认为，只有这些最基本的需求满足到维持生存所必需的程度后，其他的需求才能成为新的激励因素。

安全需求：这是人类要求保障自身安全、摆脱事业和丧失财产威胁、避免职业病的侵袭、接触严酷的监督等方面的需求。马斯洛认为，整个有机体是一个追求安全的机制，人的感受器官、效应器官、智能和其他能量主要是寻求安全的工具，甚至可以把科学和人生观都看成是满足安全需求的一部分。

社交需求：在人们的生理需求和安全方面的需求得到一定程度的满足时，人们会强烈地需要朋友，需要心爱之人，需要亲人的关怀等，即需要在团体中找到一种归属感，需要被人爱护。如果这种需求不能得到满足的话，人们会强烈地感到孤独、被抛弃。在这种需求的驱使下，人们会去主动地交朋友、寻找喜欢自己的人与自己所爱的人，这是一种社会需求，包括同人往来，进行社会交际，获得伙伴之间、朋友之间的关系融洽或保持友谊和忠诚，人人都希望获得别人的爱，给予别人爱，并希望为团体和社会所接纳，成为其中的一员，得到相互支持与关照。

尊重的需求：人人都希望自己有稳定的社会地位，要求个人的能力和成就得到社会的承认。尊重的需求又可分为内部尊重和外部尊重。内部尊重是指一个人希望在各种不同情境中有实力、能胜任、充满信心、能独立自主。总之，内部尊重就是人的自尊。外部尊重是指一个人希望有地位、有威信，受到别人的尊重、信赖和高度评价。马斯洛认为，尊重需求得到满足，能使人对自己充满信心，对社会满腔热情，体验到自己活着的用处和价值。

自我实现的需求：这是最高层次的需求，它是指实现个人理想、抱负，发挥个人的能力到最大程度，达到自我实现境界的人，接受自己也接受他人，解决问题能力增强，自觉性提高，善于独立处事，要求不受打扰地独处，完成与自己的能力相称的一切事情的需求。也就是说，人必须干称职的工作，这样才会使他们感到最大的快乐。自我实现的需要是在努力实现自己的潜力，使自己越来越成为自己所期望的人物。

销售员只有探询和了解潜在客户最重要、最迫切的需求后，与客户的交流才能有的放矢，才有可能打动客户，使潜在客户变成现实客户。

2. 产品

产品泛指一切能满足某种需求和欲望的东西，包括有形的产品、无形的服务等。人们在选择购买产品的同时，实际上也在满足着某种愿望和利益。任何需要的满足必须依靠适当的产品，好的产品将会在满足需要的程度上有很大提高，从而也就能在市场上具有较强的竞争力，实现交换的可能性也更大。

3. 价值和满意

在诸多产品的购买选择中，消费者总是根据多项标准去选择提供最大效用的产品作为购买目标。

但人们是否购买产品并不仅仅取决于产品的效用，同时也取决于人们获得这种效用的代价。如果人们认为产品的效用大于其支付的代价，再贵的商品也愿意购买；相反如果人们认为代价大于效用，再便宜的东西也不会要，这就是人们在交换活动中的价值观。

市场经济的客观规律告诉我们，人们在以适当的代价获得了适当效用的情况下，才会有真正的满足；而当感到以较小的代价获得了较大的效用时，则会十分满意；而只有在交易中感到满意的顾客才可能成为企业的忠实顾客。所以企业不仅要为顾客提供产品，更应该使顾客感到在交换中价值的实现程度比较高，这样才可能促使市场交易的顺利实现，才可能建立企业的稳定市场。

4. 交换和交易

交换是指以提供某种作为回报而从他人换取所需要产品的行为。人们只有通过市场交换产品时才存在市场营销，所以交换是市场营销活动的核心。

如何通过克服市场交换障碍，顺利实现市场交换，进而达到实现企业和社会经济效益的目的，是市场营销学研究的核心内容。交换不仅是一种现象，更是一种过程，只有当交换双方克服了各种交换障碍，达成了交换协议，我们才能称其形成了“交易”。交易是达成意向的交换，交易的最终实现需要双方对意向和承诺的完全履行。所以如果仅从某一次交换活动而言，市场营销就是为了实现同交换对象之间的交易，这是营销的直接目的。

5. 市场

从狭义的角度看，市场是交易实现的场所和环境；从广义的角度看，市场就是一系列交换关系的总和，市场主要是由“卖方”和“买方”两大群体所构成的。作为营销市场，它包含三个主要因素，即有某种需要的人，为满足这种需要的购买能力和购买欲望。用公式表示就是：

市场＝人口＋购买力＋购买欲望

构成市场的这三个要素是相互制约、缺一不可的，只有三者结合起来才能形成现实的市场，才能决定市场的规模和容量。例如，一个国家或地区人口众多，但收入很低，购买力有限，则不能构成容量很大的市场；又如，购买力虽然很大，但人口很少，也不能形成很大的市场。只有人口多，购买力又高，才能形成一个庞大而具有潜力的市场。但是，如果提供的产品得不到购买者文化和个性的认同，也不能引起人们的购买欲望，对于销售者来说，仍然不能成为现实的市场。

6. 营销和营销者

从一般的意义上认识，市场交易是买卖双方处于平等条件下的交换活动。但市场营销学则是站在企业的角度研究如何同其顾客实现有效交换的学科，所以说市场营销是一种积极的市场交易行为，在交易中积极的一方为市场营销者，而被动的一方则为营销者的目标市场，市场营销者采取积极有效的策略与手段来促进市场交易的实现。营销活动的有效性既取决于营销人员的素质，也取决于营销的组织与管理。

◈练习题

1. 市场由哪些要素组成？
2. 市场营销的含义是什么？
3. 农村养殖户常见的需求有哪些？

任务二　分析营销观念的演变

一、能力训练

1. 阅读案例，找出5～6个关键词，并进行串联和展示。
2. 根据关键词陈述案例内容。
3. 分析案例内容，提炼营销观念。
4. 分析营销观念的转变，解析发生转变的原因。
5. 阐述饲料企业应确立怎样的营销观念。

◈案例

某饲料集团营销方式的变化

中国饲料工业起步于20世纪80年代初，进入20世纪90年代中后期，随着竞争进一步加剧，全国6 500家饲料企业都面临着如何生存与发展的严峻考验。为了扩大销量，稳固市场占有率，各厂家使出浑身招数，为了争夺有限的经销商，一场场赊销、价格、促销大战风起云涌，整个行业逐步卷入恶性竞争之中。为了对付竞争对手挑起的“战争”，某饲料集团也加入了这场“战斗”，恶性竞争使企业经营业绩持续下降。销售收入从1995年起连续3年苦苦地撑在3亿元左右，应收账款高达4 000多万元，1998年上半年企业首次发生了月度亏损。

饲料行业要求营销理念创新，企业要求一种全新的营销管理模式，顾客价值营销管理就是在这种背景下提出来的。

顾客价值营销管理就是要最大限度地提高终端顾客(养殖户)的让渡价值。把营销管理的重点从关注竞争对手、关注经销商、关注每月的销量转移到关注为终端顾客创造价值上来。通过为终端顾客创造价值，从而拉动终端的需求，并培养终端顾客对为其创造价值的饲料品牌的偏好，使公司的饲料销量增加，最后达到提高市场占有率的目的。

1. 转变观念，树立为养殖户创造价值的全新营销理念

1995年以来，为什么饲料行业的营销会卷入价格大战、赊销大战和礼品大战，其原因主要是饲料厂家把注意力都集中在抢夺经销商，忽视了为使用饲料的终端顾客创造价值。公司要在这场恶性的竞争中走出困境，必须彻底转变陈旧的营销观念，跳出因循的思维，把营销工作的重点从关注竞争对手、关注经销商、关注当月的销量转移到关注终端顾客，为终端顾客创造价值上来。通过对终端顾客有价值的服务，为其创造养殖效益，从而激活终端顾客对公司产品的巨大需求，最终达到扩大销量、增加市场占有率的目标。

2. 优化产品配方，调整产品结构，全面提升产品的使用价值

为养殖户创造价值，首先要选择一个好的产品，并优化其配方，使其能为养殖户带来最大的使用价值。公司成立了饲料和动物营养联合研究所，数十名动物营养博士针对湖南和全国各地养殖条件，潜心研究，进行了数十个配方筛选和优化试养试验，开发出优质产品。

3. 培养和造就一支职业化的营销队伍

顾客价值营销管理的关键是要有一支高素质的职业化的营销队伍，公司培养了一批能够认同公司的顾客价值营销，有丰富的畜牧兽医专业知识和养殖实际操作经验，具备敬业精神，吃苦耐劳，愿意为农民做养殖技术服务的营销人员；在乡镇招聘有一定畜牧兽医知识的兽医、专业养殖户等人员，在当地做技术服务，即乡镇技术服务营销员。

4. 实施135科技养殖示范工程

只有当农民养殖户源源不断地购买公司的产品并走上养殖致富的道路，公司才有生存的保证。135科技养殖示范工程，就是公司捐赠360万元饲料，用3～5年的时间，在全国建立1 000个“骆驼”牌饲料养殖示范乡、3 000个养殖示范村、50 000个养殖示范户。通过示范带动作用，以点带面，连片推广，推动养殖业发展，提高公司的产品市场占有率。

5. 建立中转站，压缩产品流通环节

为了方便顾客购买公司的产品，公司打破原有的营销模式，将营销网络由地、县下移至乡、村，做到“乡乡设点，村村见料”。这大大压缩了流通环节，降低了流通成本，使养殖户既能比较方便，又能用相对较低的价格购买到优质饲料。

6. 构筑厂家、经销商、养殖户利益共同体

针对农民饲养土杂猪报酬差、经济效益低的现象，投资成立了种苗中心，聘请育种专家担任公司技术顾问，从国外引进了长白、大约克、杜洛克等优良的瘦肉型猪种，帮助农民进行品种

改良，提高生猪的市场价格，增加饲养效益。

实施顾客价值营销管理后，该公司实现了销售收入的快速增长，市场占有率不断提高，实现了公司经济效益的稳步增长。1997 年公司利润为 1 010 万元，1998 年实施顾客价值营销后达到 1 500 万元，2002 年达到 4 500 万元，年均增长超过 30%，取得了很好的社会效益。

公司每年赠送 120 万元饲料给农民做科技示范，同时，每年赠送 20 万元技术资料给农民。从 1998 年到 2000 年，公司生产的饲料为社会提供生猪 780 万头，为农民增加收入 1.5 亿元。提高了农民的养殖水平，促进了养殖业的规模产业化发展，特别是公司推行的一条龙经营，为促进农村经济的发展，稳定增加农民收入，推进农业产业化进程，发挥了积极的作用。

二、导读：营销观念

营销观念是企业从事市场营销活动的指导思想，是企业在经营活动中所遵循的一种观念、一种导向。其核心问题是：究竟如何看待、对待市场？把买方放在什么位置上？以什么为中心来开展生产经营活动？

营销观念是企业经营的灵魂，不同营销观念产生不同的营销效果。企业执行何种市场营销观念直接决定着企业的体制设置、业务活动程序和营销实践活动的开展，经营思想的正确与否，对企业经营的成败具有决定意义。

传统的营销观念是随着经济的发展和市场形势的变化而形成和演变的，在这个演变过程中，先后出现过以下几种观念：生产观念、产品观念、推销观念、市场营销观念和社会营销观念。

1. 传统营销观念

(1)生产观念。生产观念是以生产为中心的企业经营思想，是一种重生产、轻市场营销的观念。该观念产生于 19 世纪末 20 世纪初，社会生产力水平比较低，商品供不应求，市场经济呈卖方市场的状态。

生产观念认为：生产是最重要的，只要生产出有用的产品，就一定有人要。顾客关心的主要是产品价格低廉和可以随处购得等问题，因而经营者主要注意力集中在追求生产率和建立广阔的销售网络上。

表现：企业生产什么产品，市场上就销售什么产品。生产观念的本质是“以产定销”。20 世纪 80 年代以前的中国企业所奉行的正是这一观念，企业只管埋头苦干，商品实行统购包销，实际上谈不到企业自己的营销。

(2)产品观念。产品观念是以产品为中心的企业经营指导思想，是从生产观念中派生出来的以产品为中心的一种观念。

产品观念认为：产品是最重要的因素，消费者总是欢迎质量最优、性能最好的产品。只要产品质量上乘，具有其他产品不可比拟的优点与特征，就会受到顾客欢迎，顾客就会找上门来购买，顾客愿意多花钱去购买优质产品。因此，产品导向企业致力于制造优质产品，并经常改进。

表现：只要产品质量好，不愁没销路；只有质量差的产品才需要推销。产品观念相对于生产观念是有了一定的进步。对提高产品质量，改善企业形象起到一定作用，但却使产品成本增高，产品缺乏竞争力，增加了无效功能。

美国哈佛大学的西奥多·莱维持教授称产品观念为“市场营销近视症”，指企业管理者在市场营销中缺乏远见，只注重产品，不注意市场需求的变化，看不到新产品取代旧产品的趋势，看不到市场经营策略的新变化。

(3)推销观念。推销观念是以销售为中心的观念,也称销售观念。该观念产生于现代工业高度发展的时期,生产能力已增长到使大多数市场成为买方市场。社会产品日益增多,市场上许多商品开始供过于求。

推销观念认为:消费者通常有购买迟钝或抗拒购买的表现,消费者不会因自身的需求与愿望来主动购买商品,只有在强烈的销售刺激引导下才会购买。如果听其自然,消费者不会购买本企业太多的产品。因此,企业必须大力开展推销和促销活动,千方百计吸引顾客产生兴趣,刺激消费者作出更多的购买。

表现:"我们会做什么,就努力去推销什么"。企业为了在竞争中立于不败之地,纷纷重视推销工作,如组建推销部门,培训推销人员,研究推销术,大力进行广告宣传等,以诱导消费者购买产品。

(4)市场营销观念。市场营销观念是以满足顾客需要为企业经营活动的中心。生产观念、产品观念和推销观念总的来看都是从企业自身出发,尽管各有侧重,但都属于"以产定销"的范畴。市场营销观念是在市场上的产品不断地更新换代,产品品种日新月异,竞争日益激烈的环境下产生的。社会生产力迅速发展,市场趋势表现为供过于求的买方市场,同时广大居民个人收入迅速提高,有可能对产品进行选择,企业之间为实现产品的竞争加剧,许多企业开始认识到,必须转变经营观念,才能求得生存和发展。

市场营销观念认为:满足消费者的需求与愿望是企业的责任,企业的一切计划与策略应以顾客为中心,在满足顾客需要的基础上,实现长期的合理的利润。实现企业目标的关键在于断定目标市场的需要,切实掌握目标消费者的需要和愿望,并以消费者需求为中心集中企业的一切资源和力量,设计、生产适销对路的产品,安排适当的市场营销组合,采取比竞争者更有效的策略,满足消费者的需求,取得利润。

表现为:"顾客需要什么,我们就生产什么,经营什么"。不仅要将顾客的需求作为企业营销的出发点,而且要将满足顾客的需求贯穿于市场营销的全过程,渗透于企业营销的各部门,同时树立整体营销观念,在营销中,以企业营销的总体目标为基础,协调运用产品价格、渠道、促销、公关等因素,以各方面满足顾客的整体需求。

(5)社会市场营销观念。社会市场营销观念是对市场营销观念的修改、补充、发展和延伸。社会市场营销观念产生于20世纪70年代西方资本主义出现能源短缺、通货膨胀、失业增加、环境污染严重、消费者保护运动盛行的新形势下。因为市场营销观念回避了消费者需要、消费者利益和长期社会福利之间隐含着冲突的现实。由于市场营销的发展,一方面给社会及广大消费者带来巨大的利益,另一方面造成了环境污染,破坏了社会生态平衡,出现了假冒伪劣产品及欺骗性广告等,从而引起了广大消费者不满,并掀起了保护消费者权益运动及保护生态平衡运动,迫使企业营销活动必须考虑消费者及社会长远利益。

社会营销观念认为:强调企业在满足顾客需要并由此获得企业利润时,不仅满足消费者的个别的、眼前的需要,而且要符合消费者总体和整个社会的长远利益。企业要正确处理消费者欲望、企业利润和社会整体利益之间的矛盾,统筹兼顾,求得三者之间的平衡与协调。

随着社会经济的发展,社会营销观念又有了进一步的拓展,即营销不仅仅是一个企业有了产品需要卖出去的时候才需采取的一种企业行为,而是一种社会行动,于是与社会营销观念相适应的各种促销手段也应运而生。除了通过产品、价格、销售渠道和促销手段外,政治权力、公共关系等也成为营销组合的重要组成部分，旨在树立良好的产品形象、企业形象，为消费者提供真正满意的产品，使企业获得利润，从而促进社会经济的发展，创造良好的社会环境，形成消费者满意、企业兴旺、经济繁荣社会安定的良性循环。

2. 新型营销观念

(1)服务营销。服务营销要求企业的全体员工首先要有整体的服务意识。现代经济发展的一个显著特征是服务业的蓬勃发展，其在国民经济中的地位愈来愈重要，服务营销的重要性日益突出，中国已经加入WTO，外资企业纷纷抢滩中国，中外服务市场营销大战将出现白热化的态势。

企业的生产经营过程，就是满足顾客需要的过程，也就是为顾客提供服务的过程。企业只有真心实意地为顾客提供服务，顾客才能对企业和产品产生信赖，从而销售出更多的产品。企业应结合自身特点，采用不同的形式，更好地为顾客提供服务。IBM有一句广告语："IBM就是最佳服务的象征"。IBM享有"世界上最讲求以服务为中心的公司"这一荣誉，这来自于公司员工的实际行动。位列全球500强企业的世界上最大家用电器生产商伊莱克斯提出向中国最大的家电企业海尔学习的口号，向海尔学习什么呢？学习海尔的销售网络和售后服务。海尔的售后服务已达到世界水平，如24小时登门维修，24小时热线服务等。海尔正是凭借"星级服务"、"真诚到永远"的承诺，才奠定了它在中国家电行业中的王者地位。

不同企业生产的同类产品，在品质、规格、功能、价格等方面都相差无几，顾客之所以购买某企业的产品，一定程度上，取决于企业能否提供更优质的服务。现在，很多企业都在提倡为顾客提供优质服务，但往往还只停留在口头上，企业的营销服务仍是一个薄弱环节，有待于进一步改善和提高。

(2)包装营销。包装营销是指通过优美、精致的包装为商品增色添辉，进而吸引顾客，为商品的销售鸣锣开道的营销模式。包装的完善不仅扩大了销售，还减少了商品损耗，提高了经济效益。包装所处的地位不仅是保护商品的重要功能，同时具有特殊的自我推广效应，树立企业形象，促进和扩大商品销售的"无声推销员"的重要作用。

在现代市场上，包装已成为任何产品都不可缺少的组成部分。对于那些新上市的产品或人们不太了解的产品，包装则是吸引消费者注意力的媒介。因此，包装策略则显得尤为重要。精美的包装会使产品身价倍增，消费者愿意付出高价购买。有人在美国做了一番市场调查：我国优质的商品在美国市场上只卖到二等价钱，而来自印度尼西亚、泰国、巴西、我国台湾的三等低质商品都卖上了一等的好价钱。结果表明：中国商品败在了包装上。印度尼西亚等国家或地区的商品都有美丽的外表，虽然漂亮的包装内裹着的商品一般都是由低质的原料制成的，而且这些商品的使用寿命一般都比较短，有的还是一次性商品，但是在外表的包装上，他们却一丝不苟。相比之下，中国的商品虽然选用上等材料，但制作工艺较为粗糙，再加上劣制包装，被美国人称作"一等原料，二等产品，三等包装"，只能卖低等价钱了。一些精明的外国商人花极低的价钱买下中国商品，撕去劣质包装，换上漂亮的包装，如此这般经过一番精心打扮后，商品价格会上涨几倍甚至几十倍，本来应该由中国人赚的钱，却轻易地流进了外国人的腰包。

俗话说："人靠衣服马靠鞍"，有了好的产品，还应该有好的包装。不仅产品需要包装，企业的员工也需要包装，员工的形象代表着企业的形象。比如在日本，大公司一般都要求职工上班时穿西服、系领带，即使在炎热的夏季也不例外。目的只有一个：使公司有一个团结、向上的良好形象。

(3)创新营销。创新营销就是根据营销环境的变化情况，并结合企业自身的资源条件和经营实力，寻求营销要素在某一方面或某一系列的突破或变革的过程，包括产品的创新、市场的开发、营销组织的创新及营销手段的创新等。企业的产品，今天是适应消费者需求的，明天也许就难以适应变化了的消费需求。停止创新，就意味着落伍，意味着被淘汰。

任何一个企业，不仅要满足消费者的现实需求，还要考虑消费者的潜在需求，根据产品发展方向，力争做到："生产一代，改进一代，试制一代，研制一代"。充满了竞争的市场经济要求企业家具有创新的能力，竞争一天不消失，企业家的创新思维就一天不能停止。作为企业决策者，应具备强烈的创新力，比如当有人询问美国著名"旅馆大王"希尔顿的经营诀窍时，希尔顿的回答是："请你在离开我的希尔顿饭店时留下改进意见，当你再次光临我酒店时就不再会有相同的意见——这就是我的经营诀窍"。

树立营销创新观念，就要求企业敢于学习新理论，引进新技术，开发新产品，寻找新顾客，开辟新市场，提供新服务，改进新包装，运用新手段，作出新决策。应该把握未来的发展趋势，捕捉新的营销机会，抢先一步占领市场，使企业具备顽强的生命力，在激烈的市场竞争中占有一席之地。

(4)生态营销。生态营销是可持续发展战略指导下市场营销观念的新发展，又是企业在全球对环境恶化日益关切的基础上发展而来的一种营销重点和技术操作，其焦点是如何使市场能更加顾及环境保护以及社会经济发展的可持续性。

生态营销观要求企业在营销中，要以可持续发展为目标，注重经济与生态的协同发展，注重可再生资源的开发利用，减少资源浪费，防止环境污染。生态环境的保护，是在传统的社会营销观念——强调消费者利益、企业利益与社会利益这三者有机结合的基础上，进一步强调生态环境利益，将生态环境利益的保证看作是前三者利益持久得以保证的关键所在。

社会作为一个有机整体，也是一个生态系统，同样需要和谐健康的发展，社会生态就是在这样环境生态的研究中被推向前台，生态研究开始把自然生态和社会生态有机结合起来。要求企业在以优质的产品、合理的价格进行促销的同时，还应注意环境保护，维护生态平衡，确保人们使用产品的安全、卫生、方便。这样，才能进一步满足消费者的需求与欲望，达到扩大销售、增加利润的目的。促进人类与自然、社会经济与生态环境的和谐关系，确保人类的永续生存和社会经济的持续发展。

随着市场经济的发展，企业的社会关系变得愈来愈复杂，营销是一个企业与消费者、竞争者、中间商、政府机构和社会组织发生互动作用的过程，企业作为经济行为主体之一，在经济运行中扮演着至关重要的角色，应当站在一个更高的角度，选择正确的营销观念，通过自身的刻苦努力来处理好企业与社会各方面的关系，自己主动造就良好的关系氛围和社会环境，为企业拓展更大的生存空间。

◆练习题

1. 查阅资料，说说还有哪些新型营销观念。
2. 试述现代饲料企业应采用什么营销观念。

任务三　营销礼仪

一、能力训练

1. 穿着训练:请穿西装的同学走上讲台,台下的同学观察后,评议其着装。

2. 站姿训练:让同学上台表演站立,台下同学观察后指出其优点或缺点。

3. 握手训练:请两位同学上台表演握手,台下同学观察后指出其缺点,并讨论握手的禁忌有哪些。

4. 登门拜访训练:同学甲扮演营销员,同学乙扮演经销商。甲电话预约后,登门拜访乙。要求包含问候、握手、递交名片等环节。

◉案例

销售员小王拜访经销商老冯

×集团是国内十大饲料企业集团之一,以高档的猪浓乳料而著称。H县是湖北的养猪大县,年生猪出栏约100万头,猪浓乳料市场需求旺盛,月需求量不低于1 500吨。2012年×集团派销售员小王去开发H县饲料市场。小王来到H县,打算先利用半个月的时间,将县城和主要乡镇的经销商都拜访一遍后,再确定开发思路,制定整体开发计划。

H县M镇饲料品牌众多,竞争异常激烈,且饲料经销商数量不下二十,老冯是经销商之一,销量在当地排第三位。这天小王准备拜访老冯,他打算和老冯先交个朋友,打开突破口。

如果你是小王,你会如何着装,如何与老冯联系,见面后如何开场?

二、导读:饲料营销员的培养与管理

1. 饲料营销员的职责

饲料营销员是饲料企业中最基础的岗位之一,他们的两大主要任务是开拓客户与争取订单。从市场调研、客户接触与拜访、展开商谈到争取订单,都必须采用相应的营销技巧才能成功。

饲料营销员在饲料企业与客户之间扮演着一座至关重要的桥梁作用,不但要为饲料企业实现产品分销和提高饲料产品销量的目的,还要管理经销商,指导养殖户合理使用产品,甚至还要提供产品使用过程中的延伸服务,如畜禽疾病诊断与治疗等技术服务。饲料营销员的具体岗位职责包括:

(1)负责销售区域内销售活动的策划和执行,积极完成规定或承诺的销售量指标,为客户提供主动、热情、满意、周到的服务;

(2)负责公司产品的推广,开拓新市场,发展新客户,增加产品销售范围;

(3)填写有关销售表格,每月提交销售分析和总结报告;

(4)负责辖区市场信息的收集及竞争对手的分析;

(5)收集一线营销信息和用户意见,对公司营销策略、广告、售后服务、产品改进、新产品开

发等提出参考意见;

(6)管理维护客户关系以及客户间的长期战略合作计划。

作为饲料营销员,绝不能寄希望于公司有现成的好客户交给你,必须依靠自身的努力去不断开拓客户资源。这就要求饲料营销员必须加强饲料知识和营销业务的学习,充分掌握饲料营养知识、市场调研、市场细分和市场定位、市场营销策略、客户管理等方面的市场营销学知识与技巧,才能取得骄人的业绩。

2. 营销员的选择

饲料营销员是从事饲料、饲料添加剂销售及咨询服务的人员。一名合格饲料营销员应当达到的基本要求包括身体健康,色、味、嗅、听等感官正常,具有一定的观察、分析、判断能力,具有一定的计算、文字及口头表达能力。

(1)具备基本职业道德。在市场经济高度发展的今天,市场竞争是优胜劣汰,靠的是信誉、质量、维护消费者的利益以赢得市场。在市场经济条件下,营销人员有职业道德才会有市场,不讲职业道德就会失去市场,无以为继。

饲料营销员的基本职业道德包括以下几个方面:

遵纪守法,敬业爱岗;讲求信誉,履行职责;质量为本,真诚守信;刻苦钻研,精益求精;文明经商,热情服务;严于律己,认真负责;维护企业与顾客的正当利益;遵守公平竞争,公平买卖的市场规则。

(2)掌握基本安全知识。随着国民经济的快速发展和人们生活水平的提高,人们的安全意识不断提高,为保证人身安全,防范事故的发生。

饲料营销员应该掌握以下基本安全知识:安全用电知识;安全生产常识;防火防爆等消防知识;防意外事故知识。

(3)有扎实的业务基础。优秀的饲料营销员应当学好专业知识,在给别人推荐业务时才能热情大方,口齿伶俐,用真诚的心来介绍最适合顾客的产品,让顾客感觉到你是在为他考虑。

作为饲料营销员首先应当要掌握饲料与营养的基础知识,包括饲料产品的分类与特点、饲料原料的分类、饲料营养、营养的消化吸收、配方知识、饲料贮存保管等知识。

在饲料销售的过程中还经常需要称量、计算,因此饲料营销员还应会使用计量秤、计算器等工具。

要顺利完成饲料营销工作,离不开市场营销的基础知识。饲料营销员应掌握饲料产品市场的基础信息,熟知饲料产品的营销特性,有一定的消费心理分析能力。

(4)有基本的法律常识。企业的营销行为是一种复合行为,它在受社会利益的驱使、追求经济效益最大化的同时,也必须遵守相应的法律法规。企业在产品的开发、定价、广告宣传、促销和渠道建设,以及客户服务等营销的各个环节、各个方面都必须在法律的规范下进行。

因此,为更好地规范自己的行为,饲料营销员必须充分了解和掌握以下相关法律规定:《合同法》、《消费者权益保护法》的相关内容;《质量法》、《计量法》;饲料和饲料添加剂管理条例;饲料添加剂使用规范。

3. 营销礼仪

饲料营销员主要从事的是与人打交道的工作,他们的一言一行、举手投足都代表着企业的形象,影响消费者、供应商、经销商等社会公众对企业的看法,所以饲料营销员的为人处世,待人接物要讲究礼仪。

(1)饲料营销员的仪容仪表。仪容仪表是第一印象,饲料营销员要注重仪容仪表的修饰,为以后成交奠定良好的基础。

在仪容方面,男士面貌以"洁"为原则,常洗发、理发,修理胡须,修剪指甲,除去过长的鼻毛,清理眼角、耳孔;女士容貌以"雅"为原则,注意护肤,选择适当的化妆品与化妆方法,以显示美丽而不妖艳,洒脱而不轻佻的良好精神风貌。

在仪表方面,要根据参加场合、所销售产品类型等灵活选择合适的服装,而且因人而异。大致的要求包括协调得体,整洁大方,干净利落。具体的要求如不穿奇装怪服,不佩戴繁琐的装饰,尽量不戴太阳镜或变色镜。正式、隆重、严肃的场合,应穿礼服或深色西装,而在一般场合工作时间可穿各式外衣、衬衣、运动服等便服,应尽量保持大方稳重。可以佩戴代表公司的徽标,或穿上某一种与产品印象相符的衣服,提升客户对营销员的信任感。

(2)饲料营销员的言谈举止。仪表与服饰对于客户形成第一形象起到了较为重要的作用,但这仅仅是开始。如果说仪表仅仅是取得与客户交谈的入场券的话,那么"把话讲到养殖户心坎上",以及流畅的语言、良好的气质与风度是饲料营销员打开客户心门的钥匙。

营销工作对饲料营销员言谈的要求是要会听、会说。首先要仔细倾听客户的心声,认真分析客户的需求,把握不同客户的购买心理,做客户的知心人。其次要加强语言训练,提高表达水平、谈话艺术。在谈话中要注意发音准确,条理清楚;谈话有据有理,但不能强词夺理;要有热情,但不能强人所难;合理选择普通话或方言;不能讽刺挖苦别人,攻击竞争者;更不能与客户争辩、对抗;也不要开粗俗的玩笑,以免伤害客户的自尊心。

行为举止是无声的语言,如表情、目光、手势等姿态,可以表达有声语言的未达之意,比有声语言更生动形象。在面对客户时,自然亲切的微笑,有助于良好的人际关系的建立。还可适时运用恰当的手势,配合与客户的谈话内容,调动客户的积极性。站立时,女性双脚呈"V"字型,男性双脚微微叉开,最多与肩同宽,应避免双腿交叉站立。行走时步履要稳健、自然,重心稍微向前,眼睛平视前方。避免行走时摇头晃脑,左顾右盼,给人一种轻佻浮夸、矫揉造作之感。坐要端正,而且要懂得座位的入座方法和座次的安排。

(3)待人接物注意事项。如何登门拜访客户:要选择好拜访对象、拜访时机和地点。一般选择拜访对象比较空闲的时间为宜。饲料营销员拜访客户前,应对拟拜访的客户的一些基本情况有所了解,如有可能应将访问时间、日期、地点等通过电话、信函进行预约,并严格遵守,如期而至,不得无故失约。如有变化应在第一时间通知客户,并表示歉意。

要尊重客户,饲料营销员到达拜访对象办公室或居室门前时,应按门铃或敲门,等主人开门后,主动行握手礼,致以问候并进行自我介绍或说明来意,经允许后进屋,主人点烟、倒茶时,应起身说"谢谢",双手迎接。在不熟悉、不知情的客户家中应避免吸烟。

如何问候:打招呼时,一定要是发自内心的热情,不要皮笑肉不笑,走表面形式。应根据客户的职务、性别、年龄等特征,使用合适的称呼,并因时因地确定一个适宜的问候语。

如何握手:打招呼或告别时,经常要与客户握手。握手时,应自然大方,五指齐用,稍微或适力一握,时间以两三秒为宜。年轻者对年长者,身份低者对身份高者应稍稍欠身,双手握住对方的手,以示尊敬。特别提醒的是,男士与女士握手时,一般应只握一下女士的手指部分或轻轻接触。握手的先后顺序是:主人、年长者、身份高者、女士先伸手者,再至客人、年轻者、身份低者。

如何递交和接受名片:名片是现代人际交往中的重要工具,在拜访客户和各种社交活动中被普遍使用。递交名片时应手指并拢，将名片放在掌上，名片上的名字应反向对着自己，双手恭敬地送到对方胸前。接受对方名片时应双手去接，接过对方的名片后，要认真读取名片上的信息，切不可往口袋里一塞了事。

如何使用电话：饲料营销员在使用电话时，应主动说明自己的身份、目的，使用礼貌用语，讲话声音适度，打完电话应等对方挂断后，再轻轻地挂上电话机。打错电话时，应向对方表示歉意。如果是接电话，应及时拿起听筒，无论是找自己还是别人，都应热情礼貌，最好报出自己单位的名字。

4. 营销员管理

饲料营销员的本职工作是销售饲料，产品的销售是企业实现利润的具体表现。营销人员业绩的好坏，将直接影响企业是否完成经营目标。只有不断加强对营销人员的管理与培养，才能为企业经营目标的顺利实现提供保证。

(1)培训营销员。根据企业需要和个人素质及意愿，帮助饲料营销员制定科学而现实的个性化职业生涯规划。确定具体的工作岗位、薪资待遇、转正条件及其时限，设计营销、技术、管理等多渠道的升迁通道，明确营销员一年后、三年后、五年后的职业规划目标，并告诉营销员达成职业目标还需要哪些方面的提升，同时制定相应的个性化培训学习方案。

培训内容包含饲料、营销、养殖、管理等基础知识，刺激消费、打动消费者等营销技能，感恩、博爱、自信、敬业、学习等积极心态等多个方面，引导饲料营销员尽快了解企业文化，熟悉产品知识，提高工作技能，改善工作心态，增强工作动力。还可根据不同的个人需要制定各自的学习计划，使他们成为企业所需的各种有用人才。

(2)过程管理。为了规范营销队伍的日常管理，确保营销员的工作效率，企业要对营销员的行动过程进行追踪与控制，掌握其日常销售工作动态、进度，及早发现销售活动中所出现的异常现象及问题，并立即解决问题。

制订工作计划：业务员在了解公司分配的销售目标及销售政策后，应制订每月、每星期甚至每天的拜访计划，包括计划拜访的客户及区域；拜访的时间安排；计划拜访的项目或目的等，目的可以是开发新客户、市场调研、收款、服务、客诉处理、订货或其他。工作计划表由主管审核签字后，营销员按计划完成工作。

写工作日志：工作日志是饲料营销员过程管理的重要工具，也是饲料营销员每天不断总结反省自己、提高工作能力的有效手段。业务员在工作结束后，填写工作日志，内容包括每日的出勤状况、拜访客户洽谈结果、客诉处理、货款回收或订货目标达成的实绩与比率、竞争者的市场信息、客户反映的意见、客户的最新动态、今日拜访心得等资料。

工作日志不仅能让上级主管随时了解营销员的工作情况，时刻得到领导的理解、信任和帮助，更能使营销员不断反思总结，提高自己的思考能力、写作能力，养成一种良好的职业习惯。

随着通讯手段的发达，日志的形式不再局限于纸质，还出现了短信、电话、邮件等多种形式，使工作日志成为饲料营销员过程管理的方便工具。

抽查督导：安排营销主管人员不定期走访，全面及时了解一线市场的真实情况，既可为营销员提供一些切实可行的工作建议，也可起到督导营销员的营销工作，铲除营销员的侥幸心理的作用。同时也可以聘请一些可靠的经销商和养殖户，监督营销员的日常工作，这既可以督促营销员的工作，又可以加强与客户的沟通，增强客户的责任感、忠诚感和荣誉感。

(3)考核标准。如何对营销员进行全面、科学有效的考核，培养出优秀的营销人员，充分调动营销人员的积极性，是每个饲料企业都面临的问题。首先要设立科学的考核标准，全面考核饲料营销人员的业绩、个人能力、团队协作、岗位责任、综合素质等各个方面，才能对营销员有公正的评价。

对营销人员可分成以下目标进行考核：销售目标达成率；毛利目标达成率；应收账款回收率；每天平均访问户数；客户数量；团队指标；成本费用指标等。

(4)激励。对考评结果要及时反馈，及时兑现营销考核的承诺，对营销员进行激励，是饲料营销员过程管理的保证。一般而言，针对销售队伍成员的激励方式主要有以下几种：

物质激励：物质奖励是最基本的激励，通常也是最有效的手段。在物质激励状态下，能发挥自身能力的50%～80%，可以运用的物质激励手段有很多，包括工资、奖金、加薪以及各种福利。但经常进行物质激励会养成人们的依赖心理，一旦把奖励的内容取消，销售人员就会失去工作的动力。

精神激励：当物质奖励到一定程度的时候，就会出现边际作用递减的现象，而来自精神的奖励激励作用会更持久，更强大。精神奖励包括表扬(尤其是公开场合的表扬)、发放荣誉奖品和奖章、与企业领导合影、授予称号等，这是对销售人员贡献的公开承认，可以满足销售人员的自尊需要，从而达到激励的目的。

目标激励：即以目标完成的情况来激励销售成员的一种激励方式。可以设定为目标的有销售量、销售额、新客户数、贷款回收率等，也可以综合运用这些目标。需要注意的是要根据队伍的实际业务情况来制定可行的目标。一个振奋人心、切实可行的目标，可以起到鼓舞士气的作用；过高的目标会产生适得其反的作用。

榜样激励：榜样的力量是无穷的，将评选出的优胜者作为榜样，通过树立销售队伍中的典型人物和事例，表彰各方面的好人好事，营造典型示范效应，使全体成员向榜样看齐，让其明白提倡或反对什么样的思想、行为，鼓励成员学先进、帮后进、积极进取团结向上。

培训激励：如今培训已被视为是企业生存和发展的基础，让营销员走进课堂，这既是一项针对人力资源的投资、针对未来的投资，也是一种有效地激励手段。

主管领导行为激励：主管领导的言行往往起决定性作用，下属习惯性向领导学习。领导良好的行为能把优秀人才吸引住，使群体间形成巨大合力。

支持激励：当营销员工作、业务遇到困难和阻力时，如果主管领导大力支持，为其排忧解难，他们会以感激的心情加倍努力地工作，并会竭尽全力做到最好。

情感关怀激励：营销经理熟悉营销员的生活、工作情况，经常与团队成员打成一片，交流思想感情，增进了解和信任，让销售人员倍感亲切，犹如一家，其责任感也会大大加强。

在制定奖励办法时，最好本着物质和精神奖励相结合的原则。同时要不断创新激励方式，有新颖、变化的刺激，提升激励的效用。

◉练习题

1. 在正式场合下，男士和女士该如何着装？
2. 举例说明介绍和握手的次序有何不同。
3. 面对大人物如何向对方索取名片？

项目二　调查分析饲料市场环境

◈学习目标

1. 学会通过调查分析了解本地区饲料行业发展现状及发展趋势。

2. 通过学习和思考，拟定自己的饲料生产和营销发展计划。

任务一　总结饲料市场现状

一、能力训练

1. 阅读案例并找 7～9 个关键词，并串联起来，能够形成案例的完整意思。

2. 从案例中预估我国饲料企业的发展趋势，用 4～5 个关键词描述。

◈案例

2011 年我国饲料市场现状

在 2011 年，随着我国人口的新增、城乡人民收入和人民生活水平的提高以及食物结构的改善等，我国居民对肉、蛋、奶等动物食品的消费量将进一步增加，从而拉动饲料需求量的上升。

1. 全国饲料产品总量稳步增长，增速放缓

农业部统计我国 2011 年商品饲料总产量达 1.69 亿吨，同比增长 4%。其中，配合饲料 1.38 亿吨，同比增长 6%；浓缩饲料 2 500 万吨，同比下降 6%；添加剂预混合饲料 585 万吨，同比增长 1%。从不同品种看，猪饲料产量 6 210 万吨，同比增长 4%；蛋禽饲料 3 100 万吨，同比增长 3%；肉禽饲料 4 980 万吨，同比增长 5%；水产饲料 1 540 万吨，同比增长 3%；反刍饲料 760 万吨，同比增长 4%。

2011 年全国饲料产品总量增长，但增速有所减缓。主要原因，一是上半年生猪养殖存栏基数减少，饲料基本需求量下降。二是饲料产品结构在 2010 年大幅调整后市场规模缩小。三是养殖规模化进程加快，饲料消费结构出现调整。

2. 我国饲料产品结构进一步调整

在 2011 年的饲料产品中猪、禽饲料高达 82%，世界饲料产品结构中，猪、禽、牛饲料约各占 1/3。预计随着人们生活水平的提高，猪肉的消费比例会下降，禽肉、牛肉和水产品的比例会上升。近年来，由于奶和奶制品需求增加迅速，因此，反刍类动物饲料的需求也将发展的更快。

目前，世界上不到25%的饲料厂家生产的配合饲料占总产量的80%，成为总量增长的主要推动力量。随着饲料市场竞争的加剧，我国必将出现一批饲料集团企业，配合饲料的生产将更加集中。而浓缩饲料在上年度下降的基础上继续了下行走势。

产品结构调整主要原因：一是以玉米为主的饲料原料价格高位运行，二是养殖规模化进程加快。预计，全年配合饲料产量为13 775万吨，同比增长6%；浓缩饲料为2 500吨，同比下降6%；添加剂预混合饲料为585万吨，同比增长1%。

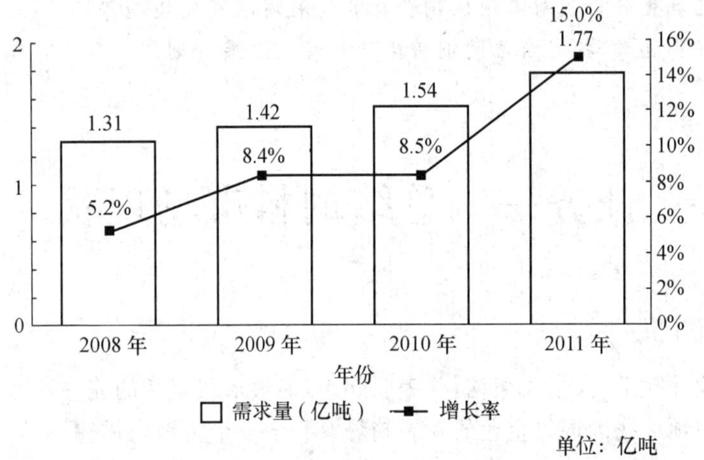

图2-1　2008—2011年我国饲料行业总产量及增长率分析

数据来源：国家统计局

3. 各品种饲料发展较为均衡

预计，猪饲料6 210万吨，同比增长4%；蛋禽饲料3 100万吨，同比增长3%；禽饲料4 980万吨，同比增长5%；水产饲料1 540万吨，同比增长3%；反刍饲料760万吨，同比增长4%；其他饲料270万吨，同比下降4%。近两年来，市场猪饲料快速增长势头明显，而2012年从各个品种饲料产量看，猪饲料、蛋禽饲料、肉禽饲料、水产饲料、反刍饲料的增长速度分别为4%、3%、5%、3%和4%，不同品种间形成了均衡发展的态势。

4. 企业规模优势明显，综合实力进一步提升

2012年受宏观及行业各种因素制约，市场竞争更加激烈，饲料企业面临原材料价格上涨；人力成本的攀升和用工荒；紧缩货币政策和日渐萎缩的出口市场等问题困扰。针对以上情况，饲料企业不断拓展自身业务，加快扩张步伐，广泛联合提升，加大产业链延伸，行业企业朝着更加理性和科学的方向发展。

5. 企业经营定位更为明确，大型饲料企业转型已形成新的趋势

大型饲料企业发挥人才、资源、管理和技术服务等方面优势，加快了产业化经营，通过产业链的纵向、横向整合，积极调整战略布局实现外延扩张势头。这种大型饲料企业的转型、扩张和布局形成了未来饲料行业发展的趋势。中小饲料企业则在日趋激烈的市场竞争下，采取优势互补，做专做精做细，加大合作，以规模化、集团化，联合作战的方式赢得更快的发展。

6. 科技创新提升非常规原料资源的使用效率

无论是科院研所还是国内大型饲料集团企业，越来越注重配方技术给企业带来的利润及市场竞争力，如原料合理替代、高科技添加剂的使用和饲料配方等均出现很大调整变化。

7. 饲料质量安全整治工作不断强化

国家高度重视饲料原料和饲料产品中违法添加物的查处，2012 年先后开展了瘦肉精专项监测、饲料原料和产品监测、安全评价试验、违法违规案件查处等工作。农业部先后派出督导组开展督导检查，落实各项整治措施，不断将饲料质量安全整治工作推向深入。

二、导读：资料查询方法

掌握文献检索、资料查询的基本方法，具有一定的科学研究和实际工作能力。文献检索是科学研究工作中的一个重要步骤，它贯穿研究的全过程。文献不仅为选题提供依据，选题以后必须围绕选题广泛地查阅文献资料，能否正确的掌握文献检索方法，关系到研究的过程、质量以及能否出成果，因此必须掌握文献检索的技能。了解和掌握文献的分类及其特点，是迅速有效地查找所需信息的必要前提。

1. 文献的类型

(1) 按内容性质分，可分为一级文献、二级文献、三级文献。

一级文献，即原始文献，是由亲自经历事件的人所提供的各种形式的材料和各种原著。如图书类的专著、研究报告、产品样本、论文、报刊、政府出版物、档案材料、会议文献等出版物和非出版物。这种文献是我们搞好研究的第一手资料，对研究工作有很大的价值。

二级文献，指对一级文献加工整理而成的系统化、条理化的文献资料。如索引、书目、文摘以及类似内容的各种数据库等。具有报告性、汇编性和简明性的特点。这种文献是十分重要的检索工具，可以帮助我们在短时间内找到研究所需要的资料。

三级文献，指在二级文献的基础上对一级文献进行分类后，经过加工、整理而成的带有个人观点的文献资料。如数据手册、年鉴、动态综述、述评等。这类文献综合性强，具有浓缩性和参考性等特点。

(2)按信息载体分，可分为印刷型、缩微型、音像型和计算机阅读型。

印刷型是一种以纸为载体的出版物，如图书、报刊画册。图书，包括教科书、参考工具书、专著等，其优点是内容成熟、系统、可靠，缺点是出版周期长，内容往往陈旧。这些图书可以通过图书馆的图书目录，利用《全国总书目》和《全国新书目》以及按照《中国图书馆图书分类法》进行查阅。

计算机阅读型资料是信息时代特有的信息资源，包括光盘 、新闻组、BBS、WWW 等，具有信息量大、内容新、获取方便等特点。

2. 文献资料的收集方法

查找文献的步骤：即利用一般的检索工具查找文献资料的方法。一般有以下步骤：

(1)分析研究课题。在检索之前先要分析检索的课题，一要分析主题内容，弄清课题的关键问题所在，确定检索的学科范围；二要分析文献类型，不同类型的文献各具特色，根据自己的检索需要确定检索文献类型范围；三要确定检索的时间范围；四要分析已知的检索线索，逐步扩大。

(2)确定检索工具。正确地确定检索工具，能使我们在浩瀚的文献海洋中畅游无阻，从而以最简捷的方法，迅速、准确地获得研究所需的文献信息。下面介绍几种检索工具。

索引：把文献的一些特征，如书目、篇名、作者以及文献中出现的人名、地名、概念、词语等组织起来，按一定的顺序(字母或笔画)排列，供人检索。例如国内教育信息常用的索引有上海图书馆编的《全国报刊索引》、北京师范大学教育系编的《中国小学教学论文索引》，许多图书馆都建立了馆藏书查询系统，读者可以通过人名索引和关键词索引很方便地进行查询。

文摘：指论文摘要。它概括地介绍原文献的内容，简短的摘要，使人们不必看全文就可以大致了解文章的内容，是一种使用广泛的检索工具。如《新华文摘》《教育文摘》《教育卡片文摘》等。

书目：它是将各种图书按内容或不同学科分类所编制的目录不但可以帮助读者选购、检索图书，还可以指点读书门径，如《全国总书目》《中国丛书综录》。

参考性与资料性工具书：它的范围很广，除以上三类外，均可属此类。如辞典、百科全书、年鉴等。内容丰富，可靠性实效性强，观点新颖，具有很大的参考价值。

◈练习题

1. 查找资料，分析家禽饲料市场特点。
2. 通过查资料了解影响本地区饲料行业发展的有利和不利因素。

任务二　分析某饲料集团内部优劣势

一、能力训练

1. 阅读资料并用 5～7 个关键词总结一下扬翔集团营销的成功秘诀。
2. 用 5～7 个关键词列举出其他饲料集团成功营销的诀窍。

案例：扬翔集团——中国饲料行业理所应当的营销大师

在中国饲料行业中，扬翔集团绝对能称得上“营销大师”。它对市场有着惊人的洞察力，对养殖户的需求把握得十分恰当，它为业内贡献许多新的营销思想。直至如今，扬翔集团的这些思想，仍影响饲料业的许多人和许多企业。

早在 2000 年，扬翔全年的猪料销量已达 18 万吨，一跃成为广西猪料“龙头老大”。随后几年，扬翔的销量逐年增长，2006 年超过 25 万吨，在广西的市场占有率高达 20%。扬翔也因此被评为“全国三十强饲料企业”和“2006 年中国饲料最具竞争力企业”。扬翔能在饲料业迅速崛起，主要得益于它高超的营销策略。

1. 造势

扬翔具有造势的天赋。不管大事小事，扬翔都非常讲究造势，事前会营造一种声势，待到一定程度后，再顺势出击，大事造大势，小事造小势。扬翔的董事长杨翔先生总爱在大会小会这样教导员工：“要做大的事就要造多大的势。”对于实施新战略、推出新产品、召开重要会议等大事，扬翔造排山倒海、震耳欲聋的势，如一年一度的经销商年会，对于做示范试验、开技术讲座等小事，扬翔造微波粼粼、鸡鸣犬吠的势，如养猪比赛颁奖仪式。

2. 网络

网络，是扬翔制胜的法宝。正是靠发动网络变革，扬翔才能在短时间内超越雄霸广西多年的正大、希望和漓源等老牌企业，一跃成为领头羊。扬翔在网络方面确实有许多可圈可点的地方。

首先,设立办事处,开发乡镇点。或许是受戴尔"消弭不必要的环节"的直销法则启发(2001 年,扬翔曾给员工每人发一本《戴尔战略》),扬翔从一开始就在市、县设立办事处,绕过总经销,直接发货给乡镇点。这招几乎掏空了正大、希望等老牌企业的当时优秀二级网络。随后,扬翔又提出"让农民买饲料像买柴米盐油一样方便"口号,并把一级网络铺进村里去。网络的偏平化和便利性,铸就了扬翔的辉煌。

其次,密集开发,错位经营。饲料经营以"赊销"为主的特殊性,决定了只有经销商数量多,市场占有率才会高。但同一个商圈内如果有两个或两个以上的经销商,就容易出现窜货、杀价等扰乱市场秩序的现象。扬翔成功利用多品牌多品种的策略,达到密集开发的目的,它让同一商圈内的经销商错位经营。在广西许多地方,同一个乡镇,甚至同一个村常常有四、五个扬翔的经销商,他们都能和睦相处。

最后,推行专销,构造壁垒。强迫经销商专销是扬翔一贯的作风。为达到这目的,扬翔经常为经销商洗脑,以高额专销奖和各式各样的优惠政策作为诱饵,甚至不惜以经营权作为威胁。扬翔逼迫经销商专销的目的很简单、很明确,就是在经销商门口设一道铜墙铁壁,让对手无隙可入。

3. 服务

服务营销,起源于骆驼,但将它发挥得淋漓尽致的,却是扬翔。扬翔从海尔那里悟出服务的重要性,从骆驼那里学会一些服务技巧,然后经过综合、提练,形成一套完整的服务体系:送料上门;指导科学用料和养猪;召开技术讲座;派发《养猪技术手册》;免费看猪病、打猪针;免费阉猪;免费提供猪精等。

对于推行服务营销所需的大量人力,一方面,扬翔大量招聘农牧院校的应、历届毕业生和社会上与畜牧业有关的人作为服务营销员;另一方面,扬翔通过系统培训经销商兽医知识,让营销员、服务员手把手教经销商,给经销商设置服务奖等手段,积极引导经销商做服务,把经销商变成厂家的准"服务营销员"。

二、导读:饲料企业的环境分析——SWOT 分析

改革开放以来,中国的饲料工业如雨后春笋般地在全国大地上兴起。从起步到腾飞,以锐不可挡之势向前迈进,并逐渐成为工业经济中举足轻重的一个行业,也成为农业产业化道路中一个必不可少的载体。短短的 20 余年,饲料工业从无到有,向世人证明了中国饲料市场潜力的巨大。饲料工业已成为中国经济新的增长点。然而,经过快速增长期之后,饲料业进入了平缓发展期,出现了技术产品同质化、竞争加剧、行业平均利润下降、投资风险加大等一系列难以应对的问题。

面对国内外的双重压力,如何对未来进行战略规划,使企业在错综复杂的行业环境中立于不败之地,是管理者决策过程中的关键。为此在决策前,有必要对企业所处的经营环境进行系统分析,以便从中监测、评估并提取行业信息,为管理者提供有力的依据。

1. 环境分析

环境分析可归结为内部环境分析和外部环境分析:内部环境分析包括优势分析与劣势分析,外部环境分析包括机会分析与威胁分析。我们通常用 SWOT 分析方法,即分析企业的优势(strength)、劣势(weakness)、机会(opportunity)、威胁(threat)。

SWOT 实际上是对企业内外部条件的各方面内容进行综合和概括的一种分析方法,是战

略管理中使用最广泛、最持久的分析工具。它不仅要找出企业的独特能力、所拥有的具体能力与资源以及运用它们的高超办法,而且要找出企业由于缺乏资源当前还不能利用的机会。其中,优劣势分析主要是着眼于企业自身的实力及与竞争对手的比较,而机会和威胁将注意力放在外部环境的变化及对企业的可能影响上。但是,外部环境的同一变化给具有不同资源和能力的企业带来的机会与威胁却可能完全不同。因此,两者之间又有紧密的联系。下面我们就对饲料企业的 SWOT 4 个方面的内容分别进行分析。

(1)优势(strength)。我国饲料业有着十分辉煌的历程。它在短短的 20 年内完成了从手工作坊式的生产到世界第二大饲料生产国(仅次于美国)的飞跃,成为我国重要的国民经济支柱产业之一,用 20 年的时间走过了发达国家 60 年的发展历程。这其中自然有它的优势所在。

①行业起点高。饲料业从一开始就按照市场经济模式运行,是一个较早开放的行业。1979 年,泰国的正大集团与美国大陆谷物公司联合成立了深圳市第一家中外合资企业——正大康地。目前,仅正大一家在中国大陆就投资建有 100 多家饲料企业。随后,其他国外大集团也相继进入我国,不仅为国内饲料业提供了先进的生产技术水平、加工工艺、科学配方和独特的经营管理模式,也推动了中国民营饲料企业的发展。其中最有代表性的是以刘永好为董事长的新希望集团。目前,国内的多数饲料企业均为民营化,为整个饲料行业注入了无限生机与活力,使饲料业朝着健康的方向蓬勃发展。②发展潜力巨大。众所周知,我国是农业大国,农业产品在我国有着广阔的市场。例如,我国养猪业用工业饲料喂养所占比例为 35%~40%,饲料总量居世界第二位。我国产业发展迅速,1999 年的产量已为 1980 年的 20 倍,近年来产量更是有增无减。生产厂家也不甘示弱,全国著名的饲料机械加工企业已相继发展至 80 多家,正昌、牧羊等大型饲料机械企业及一些中小型的企业应运而生,为中国饲料业的发展作出了突出贡献。从居民消费水平和食品结构改变趋势看,国内市场对畜产品的需求还有相当大的潜力。这会支持畜牧业生产持续增长,并带动饲料业的增长。从养殖业的结构变化趋势看,随着中国畜牧业生产集约化程度的提高和先进饲喂方法的普通使用,配合饲料的需求还将不断增长。③相关体系已具备规模。为协调饲料企业的发展和管理及技术层次的提高,科研、教育、培训、监督检验等主管机构及行业协会等外部环境都已建立。政府也重视饲料业的生产,多年来一直保持着对其生产经营方面的优惠政策。国家还拨出资金建立饲料质量监督体系,已建成 2 个国家级中心,6 个部级检测中心,36 个省级饲料监察所和 200 多个地、市级饲料监测所,有 600 余人从事饲料质量监督专业工作;教育科研机构培养出一大批高技术、高学历的人才从事一线工作;近期,又在筹建饲料工业工程中心等。这些表明,中国饲料企业的支持力量是巨大的,中国饲料企业对未来发展信心十足。④本国优势。与欧美国家相比,中国的饲料业有着显著的特点:快速的市场需求感应能力;大中型企业与国内各大研究机构保持良好的关系,使科技转化和产品更新速度较快;销售模式灵活,使市场份额得到充分的保证:劳动力资源丰富,使我国平均人工成本较低,饲料成本得到很好的控制。另外,入世带给我们的机遇也大于挑战。

(2)劣势(weakness)。①缺乏高素质的专业人才。我国饲料企业内部的人才现状是:创业者多半是先从事饲料经营业务而后自举义旗,因而产品缺乏核心的支持技术。加上传统观念的影响,科研与生产脱节,教育发展水平滞后,教育队伍人员缺乏、素质偏低,培训力度不够,业务人员队伍素质参差不齐。创业者缺乏战略眼光:起初靠丰厚的利润赚钱,但当薄利时代来临时却不知所措,没有想过企业的持续成长问题。可以说,这是当前饲料企业共存的现象,其本质在于缺少系统的企业战略思考，缺少在系统思考下的人力资源建设及持续成长的前瞻观念。②面临价格风险。近几年，由于饲料生产的原料价格波动剧烈，饲料企业面临着巨大的价格风险。例如，原料玉米和豆粕采购都存在着巨大的价格风险，玉米的均价达到 1 100 元/吨，价格波动达 10%以上；豆粕的均价是 2 500 元/吨，波动率为 40%～110%。这是由于我国的大宗商品采购体制不健全，原材料采购常常高买低卖，损失惨重。因此，我国急需建立健全的期货市场体系，让其具有发现价格和套期保值的功能。③竞争日益激烈。竞争的日益激烈，意味着微利时代已经来临。饲料业已由当初单一的质量竞争、价格竞争发展到技术、人才、服务、成本等综合实力的竞争。应该说目前饲料行业正处于成熟阶段的调整期，再加上中国已加入 WTO，饲料企业面临着全新的市场形势。随着更多国际大型饲料企业集团进入中国，竞争会更加趋于白热化。美国年产亿余吨饲料，饲料企业 300 多家；而中国年产 8 000 万吨饲料，饲料企业 10 000 多家。经过几年时间，最终中国会只有 1 000 多家有规模的饲料企业能够生存下来。因此，21 世纪前 10 年，有 90%的饲料企业将被淘汰。饲料企业风险激增，势必带来单位利润的下降，从而使饲料业进入微利时代。④饲料企业保护空间受到限制。由于饲料工业既连接种植业，又服务于养殖业，与农民致富和国民肉食品工业及价格因素息息相关。因此，从 1994 年国家开始征收增值税时起，即享受了免征增值税的优惠政策。但是，按照世贸组织的要求，我国饲料业将失去享受免征增值税的权利。这必将削弱我国饲料生产企业在国内和国际市场上的竞争力。

(3)机会(opportunity)。①增加饲料需求。饲料业服务于养殖业。中国是农业大国，也是养猪大国，年出栏猪大约 5 亿头。入世后中国的畜产品增加了出口的机会，带来养殖业数量的增加，从而增加饲料的消耗。从养殖业的质量上看，目前使用完全配合饲料的比例还不高，如果提高技术，增加使用优质饲料的普及率，将会成倍增加饲料的需求。②推动饲料发展。加入世贸组织将使中国企业充分利用国际饲料工业资源，推动饲料工业协调发展；企业有更多的原料选择余地，既可以从国内进，也可以从国外进；可以直接参与国际贸易，组建国际贸易公司，加速到国外投资、办饲料企业的步伐；引进先进的生产设备、生产线及管理经验，生产优质的饲料。③加强整体优势。加入 WTO 后，饲料行业将有效地利用国际资源，推动产品结构调整；有利于促进国内外饲料资源的合理配置；有利于添加剂的出口，改善出口环境，由此发展优势品种，生产高科技、高质量的产品，给我国饲料工业带来质的飞跃；有利于国际新工艺、新技术成果的交流和应用，有利于饲料产品标准国际化，在工艺和技术上缩小与国际先进水平的差距；有利于饲料流通体制的改革，促进农业产品结构的挑战，缩小国内市场与国际市场的脱节差距，推动我国改革的进程。

(4)威胁(threats)。①国内市场将受到冲击。外资企业大量涌入，严重地冲击国内饲料业的市场份额和结构布局，加剧市场竞争。现已有 300 多家国际饲料企业进入中国，大多是战略性投资，3～5 年内不赚钱，只赚市场份额。许多企业都是投资大、规模大、起点高，背后有国际大财团支持，这就意味着中国的饲料业不能脱离世界先进国家的生产力水平、劳动生产率、市场占有率。应该站在世界的高度来思考我们的竞争优势和劣势。在许多方面，我国与国际竞争对手相比仍有较大差距。②生产资料性质的饲料产品已呈低利润趋向。经过充分发展的中国饲料市场，饲料业获利空间不多。欧美、韩国等饲料行业平均利润只有 1%，中国降到 0.5%。在当前和今后很长一段时间内，增加利润的有效途径就是降低生产成本和提高劳动生产率。我们同国际上先进饲料企业的最大差距就是劳动生产率方面，美国饲料企业劳动生产率几乎是我国的十倍。从这个意义上讲,我国又大有深挖潜力、提高效益的空间。③传统管理亟待更新。当前国际、国内饲料产品的质量和技术标准的趋同化,使人们过去拥有的技术、质量和相对较好的管理优势面临挑战,因而必须重新定位和培育新的竞争优势。1997 年以后,随着危机的到来,市场疲软、买方市场形成。这种危机对企业的管理水平及效率提出了更高的要求。我们可以借鉴国外企业先进的管理、营销理念,加上本土积累的经验,中西合璧,打造一流的企业。

2. 应对策略

(1)自身方面。①巩固和提高我国饲料原料的生产能力。要有针对性地增加科技投入,从源头实现饲料原料的高产、提质、节本、增效;优化饲料原料的生产布局和种植结构:北方要巩固玉米高产区的生产,南方要抓紧饲料稻的选育和系列开发,以替代玉米;积极扩大饲料原料的生产规模,提高集约化生产经营水平;加大政府对饲料原料生产经营的支持和保护的力度,增强竞争力,减少国际饲料及其原料市场动荡带来的不利影响。②合理建设加工基地。要根据现有生产力水平、资源条件和市场发展需要,结合重要的饲料原料基地,合理布局加工基地。通过科学评价饲料企业的比较优势,在正确整合的基础上,统筹定位饲料企业的发展方向和重点。同时加快企业技术改造,提高企业的技术水平和产品的科技含量。按市场需求,调整产品结构,以满足不同层次用户的需要。③开发饲料资源、挖掘人力资源。充分利用各种饲料资源,研究开发畜、禽、鱼类生长所必需的、能促进其生长发育,防止疾病以及提高生产性能等作用的质好价廉的配合饲料、代粮饲料、微生物饲料、树木饲料、矿物质饲料、新型作物饲料及浓缩饲料和液体饲料;同时,培养和引进优秀的大批国际经贸人才,充分发挥人才的聪明才智,并组织相关人员学习,提高全员的技术文化素质,尽快学会市场经济运行的各种知识。④进一步强化机遇意识。市场的激烈竞争,在带来巨大压力的同时,往往又蕴涵着更大的发展机遇。我们要积极地利用加入 WTO 的机遇,放眼国际市场,分析自身的优缺点,扬长避短。要把加入 WTO 作为建立饲料行业适应经济全球化和市场化运行机制的难得机会来把握,主动进行规模结构、产品结构的调整,着力提升我国饲料工业的整体素质和国际竞争力,推进饲料工业发展赶上国际水平。

(2)外部方面。①加强政府扶植。饲料工业是关系国计民生的综合性工业门类,政府及有关部门如何制定新时期的宏观发展规划,明确方向、思路和目标,制定相应的宏观政策措施,对饲料企业的发展至关重要。入世后,由于我国饲料市场的潜力巨大,发达国家的饲料工业企业将凭借其自身的技术优势和所拥有的强大资金实力,加大进入中国市场的力度,国内市场竞争必会进一步加剧。由于我国的饲料行业仍处于成长期,因此,它的发展还需要政府在相关措施上予以支持和保护。②制定和完善行业法则。制定既要遵循世界贸易组织的有关规则,又要适度保护国内饲料生产与贸易的行业法规。当前,要加快制定行业的环境标准和技术标准。对相关的服务业可以采取开放、不开放和半开放的政策。同时加强企业管理,严格按规定的安全与卫生标准增产和进口饲料,以扩大出口和防止严重污染、低质量的饲料原料和饲料产品流入我国,冲击我国的饲料产业。③创立和完善政策性金融、生产支持体系。前者包括:保持国际收支平衡、维护合理的汇率、完善结售汇制度、减免税收或退还税款、设立海外市场开拓基金、出口保险与再保险以及出口买方信贷与卖方信贷的担保等,以支持企业参与国际市场的竞争。后者包括:加速建设与进出口贸易有关的港口、机场、道路、水电、信息网络体系等基础设施,使企业的产品顺畅地进入国际市场。④发挥中介组织的作用。在市场经济体制下,行业的健康与稳定发展，从发达国家的经验来看，充分发挥协会等中介组织的作用十分关键。随着政府职能的进一步转变，在进一步发挥协会作用的同时，还应加强支持力度，为协会各个工作环节提供便利，加强协会的作用。而协会在加强广大企业之间的协作、扩大交流的基础上，还要为企业提高科学管理水平和生产技术的层次、及时采用现代生产技术、提高产品科技含量和生产效率，提供帮助与支持。

◆练习题

1. 影响饲料价格的因素有哪些？

2. 生猪价格与饲料之间有何关系？

3. 以小组为单位用SWOT分析法对某一具体的饲料厂家的市场环境进行分析，并形成分析报告。

任务三　分析市场——调查问卷

一、能力训练

1. 阅读资料并总结出至少五点以上问卷设计技巧。

2. 请举一个实例说明并分析其调查问卷设计技巧的重要性。

◆案例

分析调查问卷的设计技巧

资料1：客户对某产品的价格和服务质量感兴趣，询问消费者"您对它的价格和服务质量满意还是不满意？"

分析提示：该问题实际上包括价格和服务质量两个方面的问题，结果"对价格不满意"、"对服务不满意"或"对价格和服务不满意"的被调查者可能回答"不满意"，该结果显然得不到客户想了解的信息。因而，该问题应分为两个问题询问："您对它的价格满意还是不满意？""您对它的服务质量满意还是不满意？"这样，客户可以分别得到某产品的价格和服务质量方面的信息。

资料2：问卷问句设计要有艺术性，避免对填卷人产生刺激而不能很好地合作。如下面两组问句：

您至今未买电脑的原因是什么？

a. 买不起　　b. 没有用　　c. 不懂　　d. 软件少

您至今未购买电脑的主要原因是什么？

a. 价格高　　b. 用途较少　　c. 性能不了解　　d. 其他

显然第二组问句更有艺术性，能使被调查者愉快地合作。而第一组问句较易引起填卷人反感、不愿合作或导致调查结果不准确。

资料3：某VCD光盘生产厂家就市场潜力派员访问调查，询问：

请问您是否使用过VCD 2.0版本技术？

a. 使用过　　　　　　b. 没有使用过　　　　c. 不知道

分析提示：因为不知道什么是2.0版本技术，有些被调查者可能已使用过却选择了没有使用过，所得的结果显然有误差。此外，即使对于专业术语或日常用语，不同人的理解也可能不同。

资料4：请您估计一下，您平均一个月在音像制品上花多少元钱？

分析提示：这里的“音像制品”虽然是常用词语，但是如果不对音像制品范围进行划定，则被调查者对其所含物品种类的理解有些人就可能认为是磁带、录像带等。还有，这里的“花多少元钱”可以指购买，也可以指租借，不同人的理解显然也是不同的。

资料5：某保险公司调查顾客对本公司业务的印象，询问：

请问您对本公司的理赔时效是否满意？

请问您对本公司的展业方式是否满意？

分析提示：许多被调查者不明白什么是“理赔时效”和“展业方式”，即使给出答案也没有意义。

资料6：您并不认为应该增加反污染法规吧？

分析提示：这种否定句提问对被调查者的回答有诱导作用。

资料7：您辞去目前的职位后是否会立即找其他工作？

分析提示：被调查者可能因为假设不成立(不打算辞职)而说不，也可能因为辞职后不会立即找其他工作而说不。

资料8：1941年罗格(Rugg)进行的试验：

A：您是否认为美国应该禁止反对民主的公开言论？

B：您是否认为美国应该允许反对民主的公开议论？

分析提示：结果问题A中54%的调查者回答“是”，问题B中75%的被调查者回答“否”，显然是过于严格的措辞“禁止”导致这两题结果的显著差异。

资料9：某调查曾分别用短句A和长句B对不同样本进行过试验：

A：你的咽喉痛过吗？

B：这个问题是关于咽喉疼痛的，我们正在寻找这方面的信息，请问你的咽喉曾经痛过吗？

分析提示：根据被调查者的医生提供的信息，检查调查所得数据的质量，结果表明长句B得到的回答更真实。

二、导读：市场调查方法——市场问卷

在现代市场营销活动中，重视市场调研，掌握和运用市场信息，是管理现代化的重要标志。在现代竞争日益激烈的市场经济条件下，人们把市场信息、市场调查研究、市场预测作为企业掌握经营环境、分析市场动向及供求发展趋势和相关关系的三大支柱。它们之间的关系是：现代管理的重心在经营，经营的中心在决策，决策的前提是预测，预测的基础是信息，信息的来源是调查。所以，要发展现代化的市场营销，必须重视市场调研活动，它贯穿于企业营销活动的全过程。随着兽药、饲料行业的飞速发展，以及国内外市场形势的复杂多变，竞争日趋激烈，企业的生存和发展越来越离不开调研活动。企业要保证决策的正确性，减少风险并取得良好的经济效益，必须以科学的市场调查和准确的市场预测为基础。

1. 市场调查的概念及作用

所谓市场调查是指企业运用科学的方法，有目的、有计划、有步骤地收集、记录、整理分析及传递有关市场方面的各种信息和情报资料的复杂运动过程。其目的在于为企业决策者及市场参与者掌握及时、准确、可靠的饲料市场信息，以便正确、及时地为进行市场预测，作出经营决策，制订营销计划等提供重要依据。

在饲料营销过程中，市场调查是市场参与者了解市场、认识市场，获取有关兽药饲料方面的各种信息和资料的一种有效的方法和手段。其具体作用主要体现在以下四个方面：

(1)有利于企业了解饲料市场，发现市场机会。通过市场调查，企业可以掌握饲料市场的供求情况、变化规律以及市场中未被满足的需求，捕捉市场机会，并以此为依据制定企业市场营销策略，改善市场营销方案。

(2)有助于企业开发新产品，开拓新市场。因为环境和消费需求的变化，任何企业的产品都不会在市场上永远畅销，企业要想生存和发展就需要不断开发新产品。通过调查可以了解和掌握消费者的消费趋向、新的需求、消费偏好的变化以及对产品的期望，然后才能设计出满足这些需求的产品。

(3)有利于及时获得信息，提高企业的竞争能力。现代企业的竞争归根结底是信息的竞争，而信息具有时效性，谁能及时掌握有效信息，谁就会在竞争中处于优势地位。对于流动性不太强的信息资源，企业要想获得，就必须依赖于自身进行的市场调查。

(4)有利于改善饲料企业经营管理水平，提高经济效益。通过市场调查，可以发现企业自身存在的问题，促进企业从经营的购、销、运、存等各环节，经营的人、财、物、时间、信息等客观要素，经营管理的层次、部门等不同方面进行调整，改进工作，以最低的费用成本将饲料转移到消费者手中，使企业在市场竞争中获得更好的经济效益。

2. 市场调查的内容

市场是一个非常复杂的有机体。因此，市场调查的内容非常复杂和广泛，凡是直接或间接影响兽药、饲料市场营销的情报资料，都应广泛收集和研究，以便采取相应的策略。其调查的内容主要包括市场环境的调查、市场需求的调查、技术发展的调查、市场营销因素的调查、竞争企业和竞争产品的调查等内容。

(1)市场环境调查。市场环境是指对影响饲料企业营销活动的基本宏观环境的调查，包括政治环境、法律环境、经济环境、社会文化环境、技术环境以及地理气候环境等。

(2)市场供需调查。①饲料市场供给情况调查：饲料市场供给情况调查是指对整个饲料市场的货源情况的调查，包括货源总量、构成、质量、价格、供应时间、供给能力等。②饲料市场需求情况的调查：饲料市场需求情况的调查是指对饲料现实需求量和潜在需求量及其变化趋势、消费需求结构、用户数量分布、饲料使用情况、消费者对特定饲料的意见等方面的调查。供需的变化决定市场的变化，市场的变化会影响饲料企业的经营方向。所以获得饲料市场需求的信息资料是饲料市场调查的重要内容。

(3)顾客状况调查。顾客是企业的服务对象，企业只有了解顾客，才能制定出有针对性的营销对策。顾客状况调查的主要内容包括购买动机、购买行为的调查，社会、经济、文化等对购买行为影响到消费者的品牌偏好以及对本企业产品的满意度等。

(4)竞争对手状况调查。市场经济是竞争的经济，优胜劣汰是竞争的必然结果。对饲料企业来说，随时对竞争企业和竞争产品的情况了解清楚，才能扬长避短，采取有针对性的竞争策略，使企业在市场竞争中百战不殆。

同行业竞争对手调查应调查直接或间接、潜在的竞争对手有哪些，竞争对手的生产能力、生产方式与规模；产品的市场占有率、销售量及销售地区；竞争对手的价格策略、销售渠道、促销方式及其他竞争策略和手段；竞争企业的经济实力、人才结构、技术装备、地区分布等。

(5)市场营销状况调查。①产品调查：市场营销中产品的概念是一个整体概念。其调查内容包括：产品生产能力调查；产品功能、用途调查；产品线和产品组合调查；产品生命周期调查；产品形态、外观和包装的调查；产品质量的调查；老产品改进的调查；新产品开发的调查；饲料售后服务的调查等。②价格调查：价格在一定情况下会影响供需变化。其调查内容包括：国家在饲料价格上有何控制和具体规定；企业饲料的定价是否合理，市场对此反应情况；竞争者的价格水平及市场的反应情况；消费者对价格的接受程度和消费者的价格心理状况；饲料的需求和供给的价格弹性及影响因素等。③销售渠道调查：销售渠道调查的内容主要包括：企业现有销售渠道能否满足销售饲料的需要。销售渠道中各环节的饲料库存是否合理，有无积压或脱销现象。销售渠道中的每一个环节对饲料销售提供哪些支持；市场上是否存在经销某种或某类饲料的权威性机构，这些机构促销的饲料目前在市场上所占的份额是多少；市场上经营本企业饲料的主要中间商对经销饲料有何要求等。通过调查有助于企业评价和选择中间商，开辟合理的、效益最佳的销售渠道。④促销效果调查：促销调查的内容包括：广告的调查，包含广告诉求调查、广告媒体调查、广告效果调查等；人员推销的调查，包含销售人员的安排和使用调查、销售业绩和报酬的调查、本企业销售机构和网点分布及销售效果的调查、营业推广等促销措施及公关宣传措施对饲料销售影响的调查等。

3. 市场调查的步骤

由于市场调查的内容繁多，范围广泛，为了提高调查效率，确保质量，调查工作必须有计划、有步骤地按一定的程序进行。市场调查一般要经过预备调查、正式调查、结果处理三个阶段。

(1)预备调查阶段。确定调查问题市场调查的主要目的是获取有关兽药、饲料等方面的信息和资料，并进行综合分析，以研究解决企业产品在市场营销中所存在的问题，针对问题寻求正确可行的改进措施。因此，市场调查首先要确定欲调查的问题，这就要求有关人员要从企业活动的实际出发，对生产经营活动的现状进行全面分析研究，找出所需要解决的问题。根据问题的轻重缓急，列出调查问题的层次，将企业经营中迫切需要解决的问题放在首位，作为进行市场调查的第一目标。非正式调查问题确定后，还不宜进行大范围的正式调查。为了使调查具有针对性，调查人员需对企业内、外部情况进行一次初步情况分析。为此，应尽可能利用本企业内部现有资料，包括各种报表、记录、统计资料、用户来函、财务决算等。同时，要向企业内部有关人员(如销售经理、业务员等)，向精通本问题的有关专家、学者及有代表性的批发商、主要零售商和养殖场户主动征求意见，以便掌握足够的资料，缩小正式调查的范围。如果在非正式调查阶段，已经找出问题及产生问题的原因，并提出了解决问题的方法与策略，就不需进入正式调查。但是大部分问题不可能通过预备调查解决，尚需进一步深入调查。

(2)正式调查阶段。制订调查方案在进行正式调查之前，要针对预备调查阶段所确定的问题制定好具体的调查方案，包括调查收集什么样的资料、调查的方法、地点、时间、次数及调查的对象，准备好所需要的各种表格及问卷，设计出合适的抽样方法和样本容量。现场实地调查方案制订完毕，调查人员即可按确定的调查对象、调查方法进行实地调查，收集第一手资料。

现场实地调查工作的好坏，直接影响到调查结果的正确性。因此，必须由经过严格挑选并加以培训的调查人员按预定的方案收集有关方面的信息和资料。

(3)结果处理阶段。整理分析资料将调查获取的杂乱零散的资料和数据进行编辑整理、剔除因抽样设计有误、问卷内容不合理或前后行编辑整理、剔除因抽样设计有误、问卷内容不合理或前后答案矛盾等错误，以做到去伪存真，由此及彼，由表及里，系统整理，综合分析，保证资料的系统、完整和真实可靠。同时将有关数据进行统计计算，绘制成统计图、表，并加以系统的分析。在此基础上，找出原因，得出调查结论，提出改进建议或措施供企业决策者参考。

编写调查报告是市场调查的最后一步，是对问题的集中分析和总结。在编写调查报告时，应注意报告内容要紧扣调查主题，突出重点，力求内容真实客观，文字简练，观点明确，分析透彻，尽可能利用易于理解的图表说明问题，并对调查结果进行综合分析，提出结论与建议。提出报告后，调查人员还应追踪了解调查报告是否已被采纳，采纳的程度及解决问题的实际效果，以便总结经验教训，进一步提高进行市场调查的工作水平。

4. 市场调查的方法

市场调查的方法很多，在实际工作中，要根据调查的目的、内容及以往的经验适当地加以选择。常用的调查方法有以下几种：

(1)询问调查法。通过面谈、电话、信函等手段，获取所需要的信息资料，是进行市场调查的常用方法。①面谈调查：面谈调查是通过调查者与被调查者面对面地直接交谈，调查人员对有关问题提出询问，并当场记录被调查人提供的答案，以获取所需资料的一种调查方法。调查方式可以采取走出去、请进来或召开座谈会的方式进行一次或多次调查。调查人员在访问调查前，应当熟悉所要调查的问题，明确问题的核心和重点，并事先拟定好询问表或调查提纲。面谈时，可按询问表或提纲顺序提问，也可采取自由交谈的方式进行。调查者可以是个人，也可以是小组。该法的优点是可以直接与被调查者见面，当面听取意见，并观察其反应，根据被调查者的心理状态、周围环境等非语言信息来判断所得资料的可信度。同时，可根据被调查者的态度，采取灵活的措施，按照已定设计的要求去诱导启发，激励被调查者，以掌握主动。总之，面谈调查所获取的资料真实性较大，询问调查表回收率较高。②电话调查：根据抽样调查的要求，应用电话等通讯方式向被调查人员询问意见，以收集有关资料。电话调查法的优点是获取资料快、效率高、成本低。另外，被调查人不受调查人员在场的心理拘束，对一些不便回答的敏感问题或涉及私人方面的问题，被调查者也可能给予比较满意的回答。但电话调查法受地理范围和通讯条件的限制，不便询问复杂的问题，更不易深入了解，且难控制被调查者的情绪，不易与被调查者合作，也无法显示照片、图表等背景资料。③邮寄调查：邮寄调查即调查人员将设计好的询问调查表、信函等通过邮局邮寄给被调查者，要求被调查者填好后寄回，以此收集有关信息资料的一种方法。该法的优点是调查区域较广、调查成本低、被调查者可有充分时间回答询问，能避免个人访问中可能产生的对调查员的偏见的影响。缺点是调查表回收率低，回收时间长，被调查者可能误解询问表中某些项目的含义，只适用于有一定文化程度的调查对象和简单而易作明确答复的调查。④留置问卷：留置问卷是介于邮寄调查和面谈调查之间的一种方法，它综合了邮寄调查由于匿名而保密性强和面谈调查回收率高的优点。具体做法是，由调查员按面谈的方式找到被调查者，说明调查目的和填写要求后，将问卷留置于被调查处，约定几天后再次登门取回填好的问卷。留置问卷调查的关键之一是保证匿名性。⑤网上调查：随着网络应用的推广，网上调查的重要性日益提高，应用范围不断扩大。网上调查有电子邮件调查和互联网调查两种。该调查方法的优点是:成本低,传播迅速,回收快;缺点是:调查对象有一定的局限性,网上调查只能在那些已联网的用户中进行;回答率难以控制;整个调查较难控制,首先是调查对象的选择较难控制,其次是样本量难以控制,再次是问卷回答质量难以控制,最后是调查的持续时间难以控制。

以上五种调查方法究竟采用哪一种,主要根据所调查问题的性质要求,以及调查资料的范围、费用、询问表的长短和复杂程度进行综合考虑和选择,有时往往需要以上两种或多种调查方法结合使用。

(2)现场观察法。现场观察法是调查人员直接到调查现场进行观察的一种调查收集资料的方法。调查人员可以肉眼观察,手工记录,也可利用仪器设备收录和拍摄现场的真实现象和数据。

该法可以比较客观地收集资料,直接记录调查的事实和被调查者的现场行为,调查结果更接近实际。但其观察不到内在因素。只能报告事实的发生,不能说明其原因。如果在采用观察法的同时结合采用询问法,即可克服这一缺陷。

(3)实验调查法。实验调查法又称市场营销实验,是通过小规模的营销活动来测验某一产品或某项营销措施的效果,以决定是否有扩大规模的必要。一般情况下,实验法的进行是从影响调查问题的许多因素中选出一个或两个因素,将它们置于一定的条件下进行小规模的实验,然后对实验结果进行分析,研究是否值得大规模推广。例如某公司为了检测有奖累进营销法(对长期客户或进货量达到一定数量的客户实行特殊奖励)在饲料营销活动中的效果,既选择了两个条件相似的客户,同时又销售同一兽药或饲料。其中,只对一家客户实行有奖累进营销,这样经过两个月的实验,证明采用有奖累进营销法可以大大提高销售额。因此,该法在兽药、饲料营销市场中具有很大应用价值,值得推广应用。实验法的应用范围较广,凡是某一商品在改变品种、包装、价格、广告等方面时,都可应用该法进行实验。

(4)资料分析法。依靠过去的和现在的动态统计资料,在室内进行统计分析的调查方法,也称间接调查法或室内研究法。如通过资料研究,可以分析市场供求趋势、市场相关因素、市场占有率等。该法的优点是可以充分利用现有资料,节省调查费用。但要求调查人员要有丰富的专业知识和分析能力。

◆**练习题**

1. 市场调查对饲料生产经营企业来说有何作用?
2. 饲料市场调查的方法和步骤有哪些?
3. 饲料市场预测的内容是什么?

任务四　拟定市场调查问卷

一、能力训练

1. 以被调查对象的身份完成以下有关宠物饲料市场的调查问卷。
2. 通过自己的回答,用7～9个关键词阐述宠物饲料市场调查结论。

◆案例

有关宠物饲料市场的调查问卷

1. 您的性别是?

A. 男○　　B. 女○

2. 您的月收入?

A. 1 000以下○　　B. 1 000～3 000 ○　　C. 3 000～5 000 ○　　D. 5 000以上○

3. 您的家庭主要收入来自哪个年龄段?

A. 20～30岁○　　B. 30～40岁○　　C. 40～60岁○　　D. 60岁以上○

4. 您愿意为宠物的开销占家庭收入的多少?

A. 5%以内○　　B. 5%～10%○　　C. 10%～15%○　　D. 15%以上○

5. 您家现在养何种宠物?(可多选)

A. 猫○　　B. 狗○　　C. 其他○

6. 您对宠物的花费主要在哪些方面?

A. 宠物饲料○　　B. 美容○　　C. 防疫治疗○　　D. 玩具○

E. 服饰○　　F. 其他○

7. 您养宠物的原因?

A. 身边都有人在养宠物,为了增加和别人的谈资○

B. 独生子女,把宠物当成自己的玩伴○

C. 无事情可做,让自己的生活多一些色彩○

D. 缓解压力○　　E. 显示身份○　　F. 其他○

8. 您在购买宠物饲料时,会考虑哪些因素?

A. 质量○　　B. 价格○　　C. 品牌○　　D. 包装○

二、导读:市场问卷

调查问卷又称调查表或询问表,是以问题的形式系统地记载调查内容的一种印件。问卷可以是表格式、卡片式或簿记式。设计问卷,是询问调查的关键。完美的问卷必须具备两个功能,即能将问题传达给被问的人和使被问者乐于回答。要完成这两个功能,问卷设计时应当遵循一定的原则和程序,运用一定的技巧。

1. 问卷设计的原则

(1)有明确的主题。根据调查主题,从实际出发拟题,问题目的明确,重点突出,没有可有可无的问题。

(2)结构合理、逻辑性强。问题的排列应有一定的逻辑顺序,符合应答者的思维程序。一般是先易后难、先简后繁、先具体后抽象。

(3)通俗易懂。问卷应使应答者一目了然,并愿意如实回答。问卷中语气要亲切,符合应答者的理解能力和认识能力,避免使用专业术语。对敏感性问题采取一定的技巧调查,例如不要直接询问“您今年多大年纪”,而应给出选择的范围,如21～30岁、31～40岁等。

使问卷具有合理性和可答性,避免主观性和暗示性,以免答案失真。例如,“大多数人都认为××饲料很好，你觉得呢？”应改为“您觉得什么牌子的饲料好？”

(4)控制问卷的长度。回答问卷的时间控制在20分钟左右，一般控制在30个问题以内。

(5)便于资料的校验、整理和统计。

2. 问卷设计的程序

(1)确定主题和资料范围。根据调查目的的要求，研究调查内容、所需收集的资料及资料来源、调查范围等，酝酿问卷的整体构思，将所需要的资料一一列出，分析哪些是主要资料，哪些是次要资料，哪些是可要可不要的资料，淘汰那些不需要的资料，再分析哪些资料需要通过问卷取得、需要向谁调查等，并确定调查地点、时间及对象。

(2)分析样本特征。分析了解各类调查对象的社会阶层、社会环境、行为规范、观念习俗等社会特征；需求动机、潜在欲望等心理特征；理解能力、文化程序、知识水平等学识特征，以便针对其特征来拟题。

(3)拟定并编排问题。首先构想每项资料需要用什么样的句型来提问，尽量详尽地列出问题，然后对问题进行检查、筛选，看它有无多余的问题，有无遗漏的问题，有无不适当的问句，以便进行删、补、换。

(4)进行试问试答。站在调查者的立场上试行提问，看看问题是否清楚明白，是否便于资料的记录、整理；站在应答者的立场上试行回答，看看是否能够回答和愿意回答所有的问题，问题的顺序是否符合思维逻辑。估计回答时间是否合乎要求。有必要在小范围进行实地试答，以检查问卷的质量。

(5)修改、复印。根据试答情况，进行修改，再试答，再修改，直到完全合格以后才定稿付印，制成正式问卷。

3. 调查问卷的具体内容

(1)卷首语。①自我介绍：让调查对象明白你的身份或调查主办单位。②调查的目的：让调查对象了解你想调查什么。③回收问卷的时间、方式及其他事项：如告诉对方本次调查的匿名性和保密性原则，调查不会对被调查者产生不利的影响，真诚地感谢调查对象的合作，告知答卷的注意事项等。④指导语：主要是告诉被调查者如何填写问卷，包括对某种定义、标题的限定以及示范举例等内容。

(2)问卷的主体。问卷的主体即问题，一般有开放式和封闭式两种。

开放式问题又称无结构的问答题。在采用开放式问题时，应答者可以用自己的语言自由地发表意见，在问卷上没有已拟定的答案。

例如：您抽香烟多久了？您喜欢看哪一类的电视节目？您认为加入WTO对我国政府管理体制有何影响？

显然，应答者可以自由回答以上的问题，并不需要按照问卷上已拟定的答案加以选择，因此应答者可以充分地表达自己的看法和理由，并且比较深入，有时还可获得研究者始料未及的答案。通常而言，问卷上的第一个问题采用自由式问题，让应答者有机会尽量发表意见，这样可制造有利的调查气氛，缩短调查者与应答者之间的距离。

然而，开放式问题亦有其缺点。例如调查者的偏见，因记录应答者答案是由调查者执笔，极可能失真，或并非应答者本来的意思。如果调查者按照他自己的理解来记录，就有出现偏见的可能，但这些不足可运用录音机来弥补。开放式问题的第二个主要缺点是资料整理与分析的困难。由于各种应答者的答案可能不同，所用字眼各异，因此在答案分类时难免出现困难，整个过程相当耗费时间，而且免不了夹杂整理者个人的偏见。因此，开放性问题在探索性调研中是很有帮助的，但在大规模的抽样调查中，它就弊大于利了。

封闭式问题又称有结构的问答题。封闭式问题与开放式问题相反，它规定了一组可供选择的答案和固定的回答格式。

例如：你购买雕牌洗衣粉的主要原因是(选择最主要两种)：

a. 洗衣较洁白；

b. 售价较廉；

c. 任何商店都有出售；

d. 不伤手；

e. 价格与已有的牌子相同，但分量较多；

f. 朋友介绍。

封闭式问题的优点包括以下几个方面：①答案是标准化的，对答案进行编码和分析都比较容易；②回答者易于作答，有利于提高问卷的回收率；③问题的含义比较清楚，因为所提供的答案有助于理解题意，这样就可以避免回答者由于不理解题意而拒绝回答。

封闭式问题也存在一些缺点：

①回答者对题目不正确理解的，难以觉察出来；②可能产生"顺序偏差"或"位置偏差"，即被调查者选择答案可能与该答案的排列位置有关。研究表明，对陈述性答案被调查者趋向于选第一个或最后一个答案，特别是第一个答案。而对一组数字(数量或价格)则趋向于取中间位置。为了减少顺序偏差，可以准备几种形式的问卷，每种形式的问卷答案排列的顺序都不同。

封闭式问题又可分为三种：①是否定式：把问题的可能性答案列出两种相矛盾的情况，请调查对象从中选择其一"是"或"否"、"同意"或"不同意"。②选择式：每个问题后列出多个答案，请调查对象从答案中选择自己认为最合适的一个或几个答案并做上记号。③评判式：每个问题后面列有许多个答案，请调查对象依据其重要性评判等级，评判式又称为排列式，由数字表示排列的顺序。

◆练习题

1. 请每人拟一份不少于10道题的针对某养猪场饲料需求调查题目。
2. 请以饲料销售员的身份设计一份完整的某新饲料添加剂的市场需求的调查问卷。

任务五 撰写调查报告

一、能力训练

1. 阅读资料，以饲料销售员的身份来判断黄鳝饲料的在本地区发展前景如何？用7～9个关键词来说明。
2. 以饲料销售员的身份总结资料中的几家饲料公司营销方式优缺点。

◈案例

黄鳝饲料的市场调查报告

1. 黄鳝基本养殖状况

苗种：目前人工育苗所占比率极小，养殖者基本都靠收购野生鳝苗开展养殖。

野生苗在端午前后捕捉，规格在每条 0.05 kg 以下。目前有池塘养殖和网箱养殖两种方式(稻田养殖已经很少)。用小网箱养殖(6 m^2 规格)，每个网箱放苗 7.5 kg 左右。野生苗有10～20 天的驯化期，期间喂食蚯蚓，小鱼虾等，之后开始投喂人工配合饲料。

当地的养殖习惯是配合饲料与冰鲜鲢鱼搅拌使用，配合饲料与鱼浆的比例是 1∶1 到1∶5，因地而异。养殖户计算肉料比是只计算配合饲料的使用量，比较认可的料鱼比为 1∶1。

商品黄鳝在每年的 10 月开始集中上市(天气越冷，越利于黄鳝的长途运输，价格也就越高)。商品黄鳝的价格根据体重规格而定。大概分为 0.1～0.25 kg，0.25～0.4 kg，0.4 kg 以上(单位体重)。上市的商品黄鳝有越冬养殖的两年鳝，但多数为一年周期的。

前两年湖南、湖北的黄鳝养殖快速发展，2010 年发展进入疯狂状态。过度养殖遇到诸如：水环境恶化，鳝苗供应不足，黄鳝病害频繁等情况。致使 2010 年的鳝苗创历史最贵。2010 年有约 50％的养殖户没有赚到钱或者亏本，养殖户对 2011 年的信心一般，少数养殖户放弃了养殖黄鳝，但大多数养殖户认为今年养殖黄鳝的效益应该比较好，至少会比去年好一些。养殖户的心态趋于平和。

2. 养殖区域分布

湖北区域主要是在江汉平原，具体较集中的地区是：潜江市(熊口)，天门市，荆州区(纪南)，监利县(程集)，汉川市，仙桃市(张沟)。

湖北的市场容量据说约有 1.8 万吨，其中仙桃市就占约有 1 万吨，主要集中在张沟镇(这里有的村有专门的黄鳝交易市场和镇区里有所谓的“饲料一条街”)。

湖南的市场容量约 8 000 吨，主要分布在洞庭湖周围，大致是益阳地区的沅江市和南县，常德地区的汉寿县，岳阳地区的华容县和君山区。但总体来说比湖北分散，没有湖北那样高度集中于某县某乡的情况。

3. 饲料厂家

在湖南、湖北黄鳝养殖区域所反映出来的饲料厂家的知名度，大致情况是广东厂家的最低，福州地区厂家的居中，厦门饲料厂家的最高，厦门以嘉盛为代表。

下面以湖北仙桃市张沟镇为例子进行说明：

此地提供饲料销售的有 20 多家，其品牌数量更是翻番。销量靠前的是厦门嘉盛，岳阳富祥，厦门银祥等。其中厦门嘉盛在张沟镇的市场占有率大概在 60％以上。据经销商和业务员的描述大致估算：嘉盛牌约 3 000 吨，汇嘉牌约 2 000 吨，嘉华牌约 1 000 吨(目前有打价格战之传闻)。另外从嘉盛公司辞职的厂长张先生与嘉盛的湖北总经销廖先生合股生产“富祥”牌等 5 个品牌黄鳝料，在张沟约有 1 000 吨的销量，但是货款赊欠厉害。厦门银祥的销量在 800 吨左右。其他厂家的销量基本是 50～500 吨，厂均市场占有率很小(表 2-1)。

厦门银祥饲料厂分“银祥”和“海灵”在销售；

福州扬帆饲料厂分“扬帆”和“一江春”在销售(店面在街道两边，相隔约 30 米)。

厦门嘉盛饲料厂有三个品牌，岳阳富祥饲料厂有 5 个品牌。

莆田冠源饲料厂在江汉平原有三个经营部，但目前只剩下一个仙桃经营部。

4. 市场操作

各饲料厂家基本是在进行多品牌市场战略操作，并且有一定的资金支持。市场(包括仙桃航盛的厚东老总)反映厦门嘉盛不赊欠，甚至时常有打预付款。个人觉得嘉盛公司应该还是有资金支持的，但是因为嘉盛的销量大，这样资金支持的绝对比率就小了。其他饲料厂家基本是资金支持力度在30%以内，个别厂家在高峰期突破40%～50%，欠款年底结算。

每年的8月到10月中这段时间是赊欠高峰期。

黄鳝饲料都是厂家负责送货，运输费用平均在每吨350元左右，市场销售价格在每包95元左右(厦门嘉盛售价最高，其他厂家与之相比每吨少300～500元)。饲料销售商的基本利润空间是每吨900～1 200元。

表2-1 厦门银祥价格

种类	蛋白	价格(元/袋)	粒径(毫米)	每袋重量(千克)
幼鳝1#A	43	100	1.5	10
中鳝2#A	42	98	1.7	10
成鳝3#A	41	96	1.7	10
幼鳝1#	41	94	1.5	10
中鳝2#	40.5	92	1.7	10
成鳝3#	40	90	1.7	10

厦门嘉盛在湖北江汉平原集中区派驻1个业务员，湖北其他区域和湖南派驻1个业务员，江西和安徽派驻1个业务员。厦门银祥的业务员派驻情况同嘉盛公司一样。其他厂家基本是派驻1个业务员在集中区域，兼顾其他分散区域(如厦门福星和厦门银豪)。莆田冠源饲料目前只在仙桃有一个经营部，主要做乌龟饲料业务，兼顾黄鳝料业务。

厦门福星饲料曾出现过品质问题，结果退出了仙桃市场，目前主要在仙桃市周边及其他县市做营销业务。厦门银祥饲料2007年也出现过饲料品质问题，因公司处理及时，且有力度，所以稳住了市场但目前在仙桃的销量一直无法上去。福清天马饲料去年因为饲料烘干不够，水分偏高，经销商陈先生有9万货款至今未结清，并且转与福州扬帆饲料公司合作。

当地有部分饲料经销商进行黄鳝收购业务(与饲料资金操作有关)。

本次到湖南、湖北见到的经销商不多，此时大部分经销商到养殖户处去收饲料欠款，或者专心修养。基本无心与厂家商讨来年之饲料业务合作事宜。如果公司进入的话，应该以小经销商为突破口，所接触几个小经销商几乎都有换品牌的心思和倾向。大的经销商改换品牌的机会不大。此地经销商手中都有3个左右的品牌，专销户少。

存在的主要问题：黄鳝苗人工繁殖生产依旧落后。黄鳝养殖的发展速度很大程度上受制于苗种供应。目前政府部门有所重视，有加大科研投入的趋势。

天然黄鳝资源亟须保护。目前黄鳝养殖的苗种主要依赖天然捕捉，以致资源受到破坏，而苗种价格一直居高不下。据了解购买黄鳝苗的费用在整个养殖成本中所占比率极大，今年的野生鳝苗最高达到每千克64元，如果成活率不高，养殖户无法获得更好收益。

饲料品质不够过硬，连接发生品质问题。厦门嘉盛饲料至今未发生品质问题，这是他市场占有率高的主要原因，因此他的市场价位最高。

养殖户的养殖技术参差不齐，单位产量不高，收益高低不一。

二、导读：调查报告的撰写

市场调查报告，就是根据市场调查、收集、记录、整理和分析市场对商品的需求状况以及与此有关的资料的文书。换句话说就是用社会主义市场经济规律去分析，进行深入细致的调查研究，透过市场现状，揭示市场运行的规律、本质。

1. 市场调查报告的特征

市场调查报告是经济调查报告的一个重要种类，它是以科学的方法对市场的供求关系、购销状况以及消费情况等进行深入细致地调查研究后所写成的书面报告。其作用在于帮助企业了解掌握市场的现状和趋势，增强企业在市场经济大潮中的应变能力和竞争能力，从而有效地促进经营管理水平的提高。

市场调查报告可以从不同角度进行分类。按其所涉及内容含量的多少，可以分为综合性市场调查报告和专题性市场调查报告；按调查对象的不同，分为关于市场供求情况的市场调查报告、关于产品情况的市场调查报告、关于消费者情况的市场调查报告、关于销售情况的市场调查报告以及有关市场竞争情况的市场调查报告；按表述手法的不同，可分为陈述型市场调查报告和分析型市场调查报告。

与普通调查报告相比，市场调查报告无论从材料的形成还是结构布局方面都存在着明显的共性特征，但它比普通调查报告在内容上更为集中，也更具专门性。

2. 市场调查报告的格式与写法

市场调查报告的内容结构一般由以下几部分组成：

(1)市场调查报告的标题。标题是市场调查报告的题目，一般有两种构成形式：

市场调查报告标题——公文式标题，即由调查对象和内容、文种名称组成，例如《关于2002年全省农村服装销售情况的调查报告》。值得注意的是，实践中常将市场调查报告简化为"调查"，也是可以的。

市场调查报告标题——文章式标题，即用概括的语言形式直接交待调查的内容或主题，例如《全省城镇居民潜在购买力动向》。实践中，这种类型市场调查报告的标题多采用双题(正副题)的结构形式，更为引人注目，富有吸引力。例如《竞争在今天，希望在明天——全国洗衣机用户问卷调查分析报告》、《市场在哪里——天津地区三峰轻型客车用户调查》等。

(2)市场调查报告的引言。引言又称导语，是市场调查报告正文的前置部分，要写得简明扼要，精炼概括。一般应交待出调查的目的、时间、地点、对象与范围、方法等与调查者自身相关的情况，也可概括市场调查报告的基本观点或结论，以便使读者对全文内容、意义等获得初步了解。然后用过渡句承上启下，引出主体部分。例如一篇题为《关于全市2002年电暖器市场的调查》的市场调查报告，其引言部分写为："××市北方调查策划事务所受××委托，于2003年3月至4月在国内部分省市进行了一次电暖器市场调查。现将调查研究情况汇报如下"。用简要文字交待出了调查的主体身份，调查的时间、对象和范围等要素，并用一过渡句开启下文，写得合乎规范。这部分文字务求精要，切忌啰嗦芜杂；视具体情况，有时亦可省略这一部分，以使行文更趋简洁。

(3)市场调查报告的主体。这部分是市场调查报告的核心，也是写作的重点和难点所在。

它要完整、准确、具体地说明调查的基本情况，进行科学合理地分析预测，在此基础上提出有针对性的对策和建议。具体包括以下三方面内容：

市场调查报告——情况介绍：市场调查报告的情况介绍，即对调查所获得的基本情况进行介绍，是全文的基础和主要内容，要用叙述和说明相结合的手法，将调查对象的历史和现实情况包括市场占有情况，生产与消费的关系，产品、产量及价格情况等表述清楚。在具体写法上，既可按问题的性质将其归结为几类，采用设立小标题或者撮要显旨的形式；也可以时间为序，或者列示数字、图表或图像等加以说明。无论如何，都要力求做到准确和具体，有条理性，以便为下文进行分析和提出建议提供坚实充分的依据。

市场调查报告——分析预测：市场调查报告的分析预测，即在对调查所获基本情况进行分析的基础上对市场发展趋势作出预测，它直接影响到有关部门和企业领导的决策行为，因而必须着力写好。要采用议论的手法，对调查所获得的资料条分缕析，进行科学的研究和推断，并据以形成符合事物发展变化规律的结论性意见。用语要富于论断性和针对性，做到析理入微，言简意明，切忌脱离调查所获资料随意发挥，去唱“信天游”。

市场调查报告——营销建议：这层内容是市场调查报告写作目的和宗旨的体现，要在上文调查情况和分析预测的基础上，提出具体的建议和措施，供决策者参考。要注意建议的针对性和可行性。

(4)市场调查报告的结尾。结尾是市场调查报告的重要组成部分，要写得简明扼要，短小有力。一般是对全文内容进行总括，以突出观点，强调意义；或是展望未来，以充满希望的笔调作结尾。视实际情况，有时也可省略这部分，以使行文更趋简炼。

3. 市场调查报告的写作要点

(1)市场调查报告——以科学的市场调查方法为基础。在市场经济中，参与市场经营的主体，其成败的关键就在于经营决策是否科学，而科学的决策又必须以科学的市场调查方法为基础。因此，要善于运用询问法、观察法、资料查阅法、实验法以及问卷调查等方法，适时捕捉瞬息万变的市场变化情况，以获取真实、可靠、典型、富有说服力的商情材料。在此基础上所撰写出来的市场调查报告，就必然具有科学性和针对性。

(2)市场调查报告——以真实准确的数据材料为依据。由于市场调查报告是对市场的供求关系、购销状况以及消费情况等所进行的调查行为的书面反映，因此它往往离不开各种各样的数据材料。这些数据材料是定性定量的依据，在撰写时要善于运用统计数据来说明问题，以增强市场调查报告的说服力。关于这点，我们从上述市场调查报告范文中也可略见一斑。

(3)市场调查报告——以充分有力地分析论证为杠杆。撰写市场调查报告，必须以大量的事实材料作基础，包括动态的、静态的，表象的、本质的，历史的、现实的等，可以说错综复杂，丰富充实，但写进市场调查报告中的内容决不是这些事实材料的简单罗列和堆积，而必须运用科学的方法对其进行充分有力地分析归纳，只有这样，市场调查报告所作的市场预测及所提出的对策与建议才会获得坚实的支撑。

◉练习题

1. 完成一份本年度本地区猪浓缩型(或配合、添加剂预混)饲料的市场需求调查报告。

2. 如果你作为某家饲料企业新任销售人员，在你营销工作之前应该通过市场调查并撰写一份市场调查报告。(请按自己的销售意愿来完成)

项目三　饲料市场细分与市场定位

◈学习目标

1. 通过学习和训练，你能掌握饲料市场细分与市场定位及确定目标市场的基本方法。

2. 通过学习和思考，你能够对饲料的进行分类，对包装进行设计。

任务一　对饲料进行的分类

一、能力训练

1. 阅读案例，说明该饲料公司的定位策略。

2. 进入一个陌生的市场，需要哪些先决条件？

3. 写出5种不同类型的饲料名称，并且说明饲料的主要成分。

◈案例

上海某饲料公司进军湖北市场

湖北是中国养猪大省，每年出栏肉猪5 000多万头，正大、新希望、湘大、六和、双胞胎、海大等大型饲料企业纷纷进军湖北市场，加上湖北本地饲料公司，一时风起云涌，饲料市场的竞争十分残酷。

上海某家大型饲料企业经过仔细研究后认为：湖北的市场非常饱和，饲料生产很难做，因此，不打算进军湖北。但该公司的营销总监认为：作为全国知名饲料企业，如果不进军湖北市场，难以提高公司在行业内的影响力，况且湖北市场还是有机会的。他认为：在乳猪料这一块可以取得突破，一般乳猪在7～10日龄就开始补料，常用仔猪料进行补料，不管是适口性还是效果都不理想。因此，他建议公司开发教槽料。教槽料也称补料或开口料，是指乳猪出生7天后到断奶后7～10天内使用的特殊饲料，它是猪一生中的第一个饲料。主要作用是为了克服由于母乳不足而导致的乳猪断奶体重下降的问题帮助乳猪减少断奶应激。

上海这家饲料公司接受营销总监的建议，2008年开始进军湖北，在湖北市场上销售教槽料。由于该公司在湖北市场上只销售教槽料，并且建立了一支精干的营销队伍，在不到2年的时间里，就在湖北站稳了脚跟，2011年在湖北的营销量占公司总营销量的1/5，并且通过教槽料的销售，公司的其他产品也进入了湖北市场。

二、导读：商品分类

1. 商品分类的依据

商品分类依据是分类的基础。商品的用途、原材料、生产方法、化学成分、使用状态等是商品最本质的属性和特征，是商品分类中最常用的分类依据。

(1)按商品用途分类。一切商品都是为了满足社会上的一定用途而生产的，商品的用途是体现商品使用价值的标志，也是探讨商品质量的重要依据，因此被广泛应用于商品的研究、开发和流通。它不仅适合对商品大类的划分，也适用于商品种类、品种的进一步详细划分。

优点：按商品用途分类，便于比较相同用途的各种商品的质量水平和产销情况、性能特点和效用，能促使生产者提高质量、增加品种，并且能方便消费者对比选购，有利于生产、销售和消费的有机衔接。但对贮运部门和有多用途的商品不适用。

(2)按商品原材料分类。商品的原材料是决定商品质量和性能的重要因素，原材料的种类和质量不同，因而成分、性质、结构不同，使商品具有截然不同的特征。选择以原材料为标志的分类方法是商品的重要分类方法之一。此种分类方法适用那些原材料来源较多、且对商品性能起决定作用的商品。

以原料为标志分类的优点很多，它分类清楚，还能从本质上反映出各类商品的性能、特点，为确定销售、运输、储存条件提供了依据，有利于保证商品流通中的质量。

(3)按商品生产方法分类。很多商品即便采用相同的原材料，由于生产方法不同，也会使商品具有不同的质量特征，从而形成不同的品种。

按生产方法分类，特别适用于原料相同，但可选用多种工艺生产的商品，优点是因为生产方法、工艺不同，突出了商品的个性，有利于销售和工艺的革新。但对于那些虽生产方法有差别但商品性能、特征没实质性区别的商品不宜采用。如平板玻璃可用浮法或垂直引上法。

(4)商品的化学成分分类。由于商品中所含化学成分的种类和数量对商品质量、性能、用途等有着决定性的或密切的影响，故按化学成分分类的方法便于研究和了解商品的质量、特性、用途、效用和储存条件，是研究商品使用价值的重要分类方法。有些商品，它们的主要成分虽然相同，但由于含有某种特殊成分，而使商品的质量、性能和用途完全不同。因此商品的特殊成分也可用作分类的标准。

优点是能反映商品的本质特性，对于深入研究商品的特性、保管和使用方法以及开发新品种、满足不同消费者的需要等具有重要意义，但对化学成分复杂的商品或化学成分区分不明显的商品则不适用。

2. 饲料分类

(1)国际分类法。粗饲料：指干物质中粗纤维的含量在18%以上的一类饲料，主要包括干草类、秸秆类、农副产品类以及干物质中粗纤维含量为18%以上的糟渣类、树叶类等。

青绿饲料：指自然水分含量在60%以上的一类饲料，包括牧草类、叶菜类、非淀粉质的根茎瓜果类、水草类等。不考虑折干后粗蛋白质及粗纤维含量。

青贮饲料：指用新鲜的天然植物性饲料制成的青贮及加有适量糠麸类或其他添加物的青贮饲料，包括水分含量在45%～55%的半干青贮。

能量饲料：指干物质中粗纤维的含量在18%以下，粗蛋白质的含量在20%以下的一类饲料，主要包括谷实类、糠麸类、淀粉质的根茎瓜果类、油脂、草籽树实类等。

蛋白质补充料：指干物质中粗纤维含量在18%以下，粗蛋白质含量在20%以上的一类饲料，主要包括植物性蛋白质饲料、动物性蛋白质饲料、单细胞蛋白质饲料等。

矿物质饲料：指工业合成的或天然的单一矿物质饲料、多种矿物质混合的矿物质饲料以及加有载体或稀释剂的矿物质添加剂预混料。

维生素饲料：指人工合成或提纯的单一维生素或复合维生素，但不包括某项维生素含量较多的天然饲料。

添加剂：指各种用于强化饲养效果，有利于配合饲料生产和贮存的非营养性添加剂原料及其配制产品。如各种抗生素、抗氧化剂、防霉剂、黏结剂、着色剂、增味剂以及保健与代谢调节药物等。

(2)按成分分类。一般来说只有植物饲料才被称为饲料，这些饲料中包括草、各种谷物、块茎、根等。

含大量淀粉的饲料：这些饲料主要是用含大量淀粉的谷物、种子和根或块茎组成的。比如各种谷物、马铃薯、小麦等。这些饲料主要通过多糖来提供能量，含很少蛋白质。它们适用于反刍动物、家禽和猪，但含太多淀粉的饲料不适用于马。

含油的饲料：这些饲料由含油的种子(油菜、黄豆、向日葵、花生等)组成。这些饲料的能源主要来自脂类，因此其能量密度比含淀粉的饲料高。这些饲料的蛋白质含量也比较低。由于这些油也有工业用途，因此这样的饲料普及率不高。工业榨油后剩下的渣依然含有相当高的油的含量。这样的渣也可以作为饲料，尤其对反刍动物非常好，也被广泛使用。

含糖的饲料：这些饲料主要是以“甜高粱秸秆”为主的秸秆饲料或颗粒饲料，甜高粱秸秆糖度是18%～23%，动物适口性很好。

含蛋白的饲料：这些饲料主要是以蛋白质为主的植物蛋白饲料，蛋白质的植物蛋白达到28%～36%，并富含18种氨基酸，是替代进口植物蛋白的最好原料。

绿饲料：这些饲料中整个植物被喂用，比如草、玉米、谷物等。这些饲料含大量碳水化合物，其中的营养非常杂。比如草主要含碳水化合物，蛋白质15%～25%，而玉米则含较多的淀粉(20%～40%)，而蛋白质含量则少于10%。绿饲料可以新鲜地喂用，也可以晒干后保存喂用。它们比较适用于反刍动物、马和水禽。一般不用来喂猪。发酵后保存的绿饲料称为青贮饲料。

其他饲料：除以上所述的饲料外还有许多其他种类的饲料，这些饲料可以直接来自大自然(比如鱼粉)或者是工业副食品(比如米糠、酒糟、剩饭等)。不同的牲畜使用不同的饲料，但尤其反刍动物适用这些饲料。

(3)按营养价值分类。全价配合饲料。能满足畜禽所需要的全部营养，是由能量饲料、蛋白质饲料、矿物质饲料、维生素、氨基酸及微量元素添加剂等，并按规定的饲养标准配合而成的饲料，是一种质量较好，营养全面、平衡的饲料。这类饲料可以直接饲喂畜禽。

浓缩饲料：它是由蛋白质饲料、矿物质饲料、添加剂预混料按一定比例混合而成。由于用于猪、鸡的浓缩饲料一般含粗蛋白质25%～40%，高于猪、鸡的营养需要，矿物质和维生素的含量也高于猪、鸡营养需要的2倍以上，因此这类饲料不能直接饲喂，而要按说明书的说明加入玉米或其他能量饲料后方可饲喂。这类饲料可以减少能量饲料运输，使用方便，可解决一般养殖户蛋白质饲料短缺的问题。

添加剂预混料：它是由一种或多种微量的添加剂原料和载体及稀释剂一起拌均匀的混合物。微量成分经预混合后，有利于其在大量的饲料中均匀分布。添加剂预混料是配合饲料的半成品，可供中小型饲料厂生产全价配合饲料或浓缩饲料，可以单独在市场上出售，但不能直接用来饲喂畜禽。添加剂预混料生产工艺一般比配合饲料生产要求更加精细和严格，产品的配比更准确，混合更均匀，多由专门工厂生产。

精料混合料：用于牛羊等反刍家畜的一种补充精料，主要由能量饲料、蛋白质饲料和矿物质饲料组成，用于补充草料中不足的营养成分。

(4)我国饲料分类体系。我国饲料分类方法是将我国传统饲料分类法与国际饲料分类原则相结合而提出的(表3-1)。具体分类和编码方法为：首先根据国际饲料分类原则将饲料分成8大类，其次结合我国传统分类习惯分为16亚类。对每一类饲料冠以相应的中国饲料编码(CFN，feeds number of China)，共7位数，模式为0－00－0000，其首位数1～8分别对应国际饲料分类的8大类饲料，第2、3位数安排01～16亚类饲料，第4～7位数为饲料顺序号。这样在划分饲料种类上更清楚明确。用户既可以根据饲料分类原则判断饲料性质，又可以根据传统习惯，从亚类中检索出饲料的资源属性，是对国际饲料分类编码系统的重要补充(表3-2)。

表3-1　中国饲料分类依据

序号	饲料种类	划分依据(%)		
		自然水分含量	干物质中粗纤维含量	干物质中粗蛋白质含量
1	粗饲料	<45	⩾18	
2	青绿饲料	⩾45		
3	青贮饲料	⩾45		
4	能量饲料	<45	<18	<20
5	蛋白质饲料	<45	<18	⩾20
6	矿物质饲料			
7	维生素饲料			
8	添加剂			

表3-2　中国现行饲料分类编码

亚类序号	饲料种类	前三位编码的可能形式	分类依据条件
01	青绿植物类	2－01	自然水分含量
02	树叶类	1－02、2－02、5－02、4－02	水、纤维、蛋白质
03	青贮饲料类	3－03	水、加工方法
04	根茎瓜果类	2－04、4－04	水、纤维、蛋白质
05	干草类	1－05、4－05、5－05	水、纤维、蛋白质
06	农副产品类	1－06、4－06、5－06	水、纤维
07	谷实类	4－07	水、纤维、蛋白质
08	糠麸类	4－08、1－08	水、纤维、蛋白质
09	豆类	5－09、4－09	水、纤维、蛋白质
10	饼粕类	1－10、4－10、1－10	水、纤维、蛋白质
11	糟渣类	1－11、4－11、5－11	纤维、蛋白质
12	草籽树实类	1－12、4－12、5－12	水、纤维、蛋白质
13	动物性饲料类	4－13、5－13、6－13	来源
14	矿物质饲料类	6－14	来源、性质
15	维生素饲料类	7－15	来源、性质
16	添加剂及其他	8－16	性质

◆练习题

1. 通过学习和思考,你认为我国饲料分类方法比国际饲料分类方法优点在哪里?

2. 通过查询资料,说一下猪、鸡、山羊和奶牛分别喂养什么饲料?

任务二　细分饲料市场

一、能力训练

1. 阅读案例,提炼出4～6个关键词。

2. 小组讨论:双胞胎的成功经验。

◆案例

集团总裁谈饲料公司快速发展的奥秘

2011年上半年,双胞胎集团的饲料销售量节节攀升,一季度销量同比增长17%,尤其是教槽料的销售出现了井喷现象,同比大幅增长92%。

目前,双胞胎集团猪饲料销量居中国第一位,增长速度也是位于全国之首。双胞胎是如何做成全国一流的饲料企业呢?不久前,记者采访了双胞胎集团总裁邓书甄,他讲述了集团快速发展的成功奥秘:在饲料细分市场做深做透。

记者:双胞胎集团经历了十几年的发展壮大,是如何成为一个具有全国性战略布局企业的?

邓书甄:1998年,当时的"双胞胎"叫金苹果科技牧业有限公司,做鸡料。2003年开始了战略转型。以乳猪料作为产品突破口,引入了一些创新。

记者:为什么选择了乳猪料这个产品?

邓书甄:在2003年之前,双胞胎集团前身江西金苹果在1998年改制后,产品虽然也是供不应求,但我们发现,占产品20%的猪料所获得的利润占了公司全部利润的80%以上,于是我们进行了发展战略的调整,决定走专业化生产的路子,全力发展乳猪料。而乳猪料本身是一种技术、附加值双高的产品,不是每一个企业都有实力和魄力去开发。再加上业内还没有一个很强势品牌,国内又开始大力发展养猪业,我们认为乳猪料领域大有可为。所以我们选择了乳猪料这个产品进行专业化生产。

二、导读:市场细分

在饲料市场营销活动中,企业面临的主要问题是:本企业产品的市场在哪里?产品在哪里最畅销?愿意购买本企业产品的客户是什么行业的,或是什么职业、性别、年龄的?他们的需要、爱好和购买行为的特点是什么?企业如果想在市场营销活动中取得成功,必须了解分析客户的不同需求情况,根据企业的具体条件,选择哪些能发挥自己差别优势的市场作为企业经营和服务的对象。这种选择就是选择目标市场,而选择目标市场的前提是市场细分。

1. 市场细分的概念

市场细分也称市场细分化，是由美国人温·德尔斯密提出的新概念。所谓市场细分是根据整体市场上客户需求的差异性，以影响客户需求和欲望的某些因素为依据，将一个整体市场划分为两个或两个以上的客户群体，每一个需求特点相类似的客户群就构成一个细分市场（或子市场），各个不同的细分市场，客户群之间则有明显的需求差别。

例如饲料市场，可按养殖畜别不同细分为猪饲料市场、鸡饲料市场、鱼饲料市场等。也可按地理因素细分为国外市场、国内市场或南方市场和北方市场等。以上每个细分市场之间的需求各不相同，同一细分市场内的需求基本相似。所以市场细分不是通过产品分类细分市场，如消费品市场、生产资料市场，它是从客户的角度，按照客户需求爱好的差别，求大同存小异，来细分市场的，市场细分是将整体市场划分为若干子市场的分类过程，并从中选择经营对象和目标市场的一种方法。

2. 市场细分的作用

市场细分对企业市场营销的影响和作用很大，它表现在以下五个方面：

（1）有利于企业发掘新的市场机会。企业经过市场调查和市场细分后，对各细分市场的需求特征、满足程度和竞争情况了如指掌，并能从中发现那些需求尚未得到满足或需求尚未充分满足的细分市场，这些市场将为企业提供一个新的极好的市场开拓机会。例如，河南焦作神龙饲料公司在饲料市场竞争十分激烈的情况下，以市场调查为依据，划分猪饲料客户、鸡饲料客户和其他饲料客户，当前两种饲料已经满足时，于是他们又开拓鱼饲料等其他不被看好的市场，从而获得成功。

（2）有利于小企业开拓市场，在大企业的夹缝中求生存。客户的需求是多变的，各不相同的，即使是大企业的资源也有限，不可能满足整个市场的所有需求，更何况小企业。为求生存，小企业应善于运用市场细分原理把整体市场进行细分，拾遗补缺，从中找到适合自己优势的部分以及尚未满足需求的细分市场，采取与目标市场相对应的产品、价格、销售渠道、销售促进的市场营销组合策略，从而获得良好的发展机会，取得较大的经济效益。

（3）有助于企业确定目标市场，制订有效的市场营销组合策略。通过市场细分，有助于企业深入了解客户需要，结合企业的优势和市场竞争情况，进行分析比较，从细分市场中选择确定企业的目标市场。企业的经营服务对象确定，就能有的放矢，有针对性地制订有效的市场营销组合策略，提高企业经营管理水平，增强市场竞争力。

（4）有利于企业合理配置和运用资源。企业根据市场细分，确定的目标市场的特点，扬长避短，集中使用有限的人力、物力、财力等资源于少数几个或一个细分市场上，则可避免分散使用力量，取得事半功倍的经济效果，发挥最大的经济效益。

（5）较易取得反馈信息便于调整营销策略。就整体市场而言，一般信息反馈比较迟钝，不易敏感地察觉市场变化。而在细分市场中，企业为不同的细分市场提供不同的产品，制订相对应的市场营销策略，企业能较容易的得到市场信息，察觉客户的反应。这将有利于企业发掘潜在需求，适时调整营销策略。

3. 市场细分的原则

企业可根据单一因素，亦可根据多个因素对市场进行细分。选用的细分标准越多，相应的子市场也就越多，每一子市场的容量相应就越小。相反，选用的细分标准越小，子市场就越少，每一子市场的容量则相对较大。如何寻找合适的细分标准，对市场进行有效细分，在营销实践中并非易事。一般而言，成功、有效的市场细分应遵循以下基本原则：

(1)可衡量性。指细分的市场是可以识别和衡量的，亦即细分出来的市场不仅范围明确，而且对其容量大小也能大致作出判断。有些细分变量，如具有“依赖心理”的青年人，在实际中是很难测量的，以此为依据细分市场就不一定有意义。

(2)可进入性。指细分出来的市场应是企业营销活动能够抵达的，亦即是企业通过努力能够使产品进入并对顾客施加影响的市场。一方面，有关产品的信息能够通过一定媒体顺利传递给该市场的大多数消费者；另一方面，企业在一定时期内有可能将产品通过一定的分销渠道运送到该市场。否则，该细分市场的价值就不大。比如，生产冰淇淋的企业，如果将我国中西部农村作为一个细分市场，恐怕在一个较长时期内都难以进入。

(3)有效性。即细分出来的市场，其容量或规模要大到足以使企业获利。进行市场细分时，企业必须考虑细分市场上顾客的数量，以及他们的购买能力和购买产品的频率。如果细分市场的规模过小，市场容量太小，细分工作繁琐，成本耗费大，获利小，就不值得去细分。

(4)对营销策略反应的差异性。指各细分市场的消费者对同一市场营销组合方会有差异性反应，或者说对营销组合方案的变动，不同细分市场会有不同的反应。如果不同细分市场顾客对产品需求差异不大，行为上的同质性远大于其异质性，此时，企业就不必费力对市场进行细分。另一方面，对于细分出来的市场，企业应当分别制定出独立的营销方案。如果无法制定出这样的方案，或其中某几个细分市场对是否采用不同的营销方案不会有大的差异性反应，便不必进行市场细分。

4. 市场细分的程序

美国市场学家麦卡锡提出细分市场的一整套程序，这一程序包括七个步骤。

(1)选定产品市场范围，即确定进入什么行业，生产什么产品。产品市场范围应以顾客的需求来确定，而不是产品本身特性来确定。

(2)列举潜在顾客的基本需求。

(3)了解不同潜在用户的不同要求。对于列举出来的基本需求，不同顾客强调的侧重点可能会存在差异。

(4)抽掉潜在顾客的共同要求，而以特殊需求作为细分标准。

(5)根据潜在顾客基本需求上的差异方面，将其划分为不同的群体或子市场，并赋予每一子市场一定的名称。

(6)进一步分析每一细分市场需求与购买行为特点，并分析其原因，以便在此基础上决定是否可以对这些细分出来的市场进行合并，或作进一步细分。

(7)估计每一细分市场的规模，即在调查基础上，估计每一细分市场的顾客数量、购买频率、平均每次的购买数量等，并对细分市场上产品竞争状况及发展趋势作出分析。

5. 市场细分的标准

市场细分的依据一个整体市场之所以可能细分为若干子市场，主要是由于客户需求存在着差异性，人们可以运用影响客户需求和欲望的某些因素作为细分依据(也称细分变量、细分标准)对市场进行细分。影响客户需求的因素很多，且客户市场与生产者市场的客户需求及其影响因素不同。现分别将两类市场的细分依据归纳如表 3-3 和表 3-4 所示。

表 3-3　客户市场细分的一般标准

细分标准	具体因素		
地理标准	国界	区域	地形
	气候	城乡	城市规模
	人口密度	交通条件	其他
人口标准	国籍	种族	民族
	宗教	职业	教育
	性别	年龄	收入
	家庭人数	家庭生命周期	其他
心理标准	社会阶层	生活方式	性格
	购买动机	其他	
购买行为	追求利益	使用者地位	购买频率
	使用频率	品牌商标忠诚度	对渠道的信赖度
	对价格、广告、服务的敏感程度	其他	

表 3-4　生产者生产细分的一般标准

细分标准	具体因素		
地理因素	国界	区域	地形
	气候	资源	自然环境
	城乡	城市规模	交通条件
	生产力布局	其他	
客户行为	疫苗	饲料添加剂	其他
	兽药		
	饲料		
客户规模	大型企业	中型企业	小型企业
	大客户	小客户	其他
购买行为	使用者地位	追求利益	使用率
	购买频率	购买批量	购买周期
	购买目的	品牌商标、渠道忠诚度	
	价格、服务的敏感度	其他	

(1)客户市场的细分依据。地理因素：这是按客户居住的地区和地理条件来划分的。客户居住的地区和地理条件不同，其需求和欲望也不同，如在我国南方和北方畜牧业的发展方向有很大的不同。地理因素包括国界(国际、国内)、气候、地形、政区、城市、乡村、自然环境、城市规模、交通运输、人口密度等。地理因素是一个静态因素，往往容易辨别，对于分析研究不同地区

客户的需求特点、需求总量及其发展变化趋势有一定意义，有助于企业开拓区域市场。但是，即使居住在同一国家、地区、城市的客户，其需求与爱好也并不相同，差别很大。因此还要进一步按其他标准细分市场。

人口因素：运用人口因素细分市场，就是根据人口统计变量如国籍、民族、人数、年龄、性别、职业、教育、宗教、收入、家庭人数、家庭生命周期等因素将市场进行细分。

心理因素：包括社会阶层、生活方式、性格、购买动机等。同样性别、年龄，相同收入的客户，由于其所处的社会阶层、生活方式或性格不同，往往表现出不同的心理特性，对同一种产品会有不同的需求和购买动机。如大型现代化养殖场场长和小群体、散养式的农民兽药饲料的行为差异就很大。心理因素对客户的爱好、购买动机、购买行为有很大影响。企业以心理因素进一步深入分析客户的需求和爱好，更有利于发现新的市场机会和目标市场。

购买行为因素：根据客户的不同购买行为来进行市场细分。它包括追求利益、品牌商标忠诚度（品牌偏好）、使用者地位、使用频率等。例如，客户对鸡饲料的需求，有的客户追求增蛋性能，有的则希望减少破蛋，改变蛋壳颜色。有的对某品牌饲料是从未使用者或首次使用者，有的则是经常使用者且有品牌偏好。企业可以根据客户购买行为因素细分市场，推出适合细分市场所需要的产品。

（2）生产者市场的细分依据。生产者市场的细分依据生产者市场的购买者是客户（包括贸易企业），其购买目的是为了再生产或再销售，并从中谋求利润，它与客户市场中的客户购买目的不同、需求不同。

客户的行业类别包括疫苗、兽药、饲料、饲料添加剂、饲料原料等。客户的行业不同，其需求有很大差异。即使是同一产品配合饲料厂和饲料添加剂厂对质量要求就不同。营销人员可以客户行业为依据进行市场细分。

客户规模包括大型、中型、小型企业或大客户、小客户等。不同规模的客户，其购买力、购买批量、购买频率、购买行为和方式都不相同。客户规模是生产者市场的又一细分依据。

客户的地理位置除包括国界、地区、气候、地形、交通运输等条件外，生产力布局、自然环境、资源等也是很重要的细分变量。按客户地理位置细分市场，有助于企业将目标市场选择在客户集中地区，有利于提高销售量，节省推销费用，节约运输成本。

购买行为因素包括追求利益、使用率、品牌商标忠诚度、使用者地位（如重点户、一般户、常客户、临时户等）、购买方式等。

◈练习题

1. 通过查询资料，分析正大、希望、通威、海大、大北农公司主要生产什么类型的饲料产品。

2. 市场细分的作用是什么？怎样进行饲料市场细分？

任务三　分析不同饲料特点

一、能力训练

1. 案例中的三种饲料包装，你认为哪种最容易引起顾客的注意？

2. 比较分析 A、B、C 三种饲料包装的特点。

3. 分组讨论,叙述一下三种饲料的核心价值是什么?

◆案例

三种饲料包装

双胞胎生产的 A、B、C 三种饲料包装如图 3-1 所示。

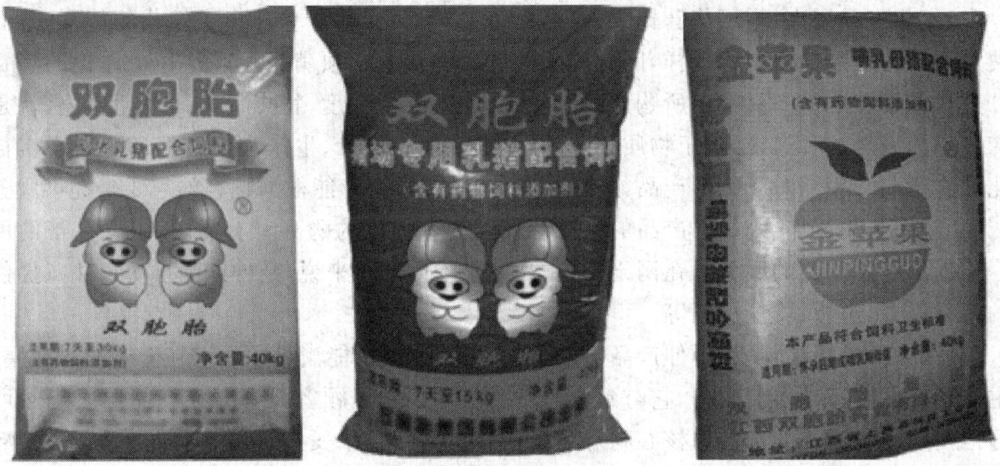

图 3-1 双胞胎饲料包装

A 饲料:适用于 15～30 kg 的仔猪。产品特点:针对断奶后仔猪消化生理特点,采用膨化玉米、膨化去皮豆粕、膨化大豆、食品级奶制品和进口优质鱼粉等,经过科学配制,高度熟化、膨化、灭菌加工而成,可提高饲料的可消化率和转化率。针对断奶仔猪易拉稀的特点,添加独特的中草药添加剂、益生素、酶制剂、酸化剂等;提高了肠道健康水平,有利营养物质消化吸收。

B 饲料:适用于 7 天 15 kg 的仔猪。产品特点:针对断奶后仔猪消化生理特点,采用膨化玉米、膨化去皮豆粕、膨化大豆、食品级奶制品和进口优质鱼粉等,经过科学配制,高度熟化、膨化、灭菌加工而成,可提高饲料的可消化率和转化率。针对断奶仔猪易拉稀的特点,添加独特的中草药添加剂、益生素、酶制剂、酸化剂等;提高了肠道健康水平,有利营养物质消化吸收。提高乳猪采食量,防止乳猪拉稀现象的发生。

C 饲料:适用于怀孕后期或哺乳期的母猪。产品特点:添加益生素和中草药保证母猪的健康;添加了优质的脂肪、白糖、优质鱼粉,提高母猪采食量,母猪奶水增多,仔猪生长快。

二、导读:产品层次

产品层次是指从满足客户需要的角度对产品所提供的服务进行的划分。产品层次的划分有利于营销组合的制度。

1. 产品层次的分类

根据科特勒的营销观点来看,任何产品都包含以下五个层次:

(1)核心利益层次:是指产品能够提供给消费者的基本效用或益处,是消费者真正想要购买的基本效用或益处。如消费者购买电脑是为了学习电脑、利用电脑作为上网工具;购买软件是为了压缩磁盘空间、播放MP3格式的音乐或上网冲浪等。由于网络营销是一种以顾客为中心的营销策略，企业在设计和开发产品核心利益时要从顾客的角度出发，要根据上次营销效果来制定本次产品设计开发。要注意的是网络营销的全球性，企业在提供核心利益和服务时要针对全球性市场提供。

(2)有形产品层次：是指产品在市场上出现时的具体物质形态。对于物质产品来说，首先产品的品质必须保障；其次，必须注重产品的品牌；第三，注意产品的包装；第四，在式样和特征方面要根据不同地区的文化来进行针对性加工。

(3)期望产品层次：在网络营销中，顾客处为主导地位，消费呈现出个性化的特征，不同的消费者可能对产品的要求不一样，因此产品的设计和开发必须满足顾客这种个性化的消费需求。这种顾客在购买产品前对所购产品的质量、使用方便程度、特点等方面的期望值，就是期望产品。为满足这种需求，对于物质类产品，要求企业的设计、生产和供应等环节必须实行柔性化的生产和管理。对于无形产品如服务、软件等，要求企业能根据顾客的需要来提供服务。

(4)延伸产品层次：是指由产品的生产者或经营者提供的购买者有需求，主要是帮助用户更好地使用核心利益的服务。在网络营销中，对于物质产品来说，延伸产品层次要注意提供满意的售后服务、送货、质量保证等。

(5)潜在产品层次：是在延伸产品层次之外，由企业提供能满足顾客潜在需求的产品层次，它主要是产品的一种增值服务，它与延伸产品的主要区别是顾客没有潜在产品层次仍然可以很好地使用顾客需要的产品的核心利益和服务。在高新技术发展日益迅猛时代，有许多潜在需求和利益还没有被顾客认识到，这需要企业通过引导和支持更好满足顾客的潜在需求。

2. 包装的目的

(1)介绍商品：由包装上的要素，使消费者认识商品的内容、品牌及品名。

(2)具标示性：商品的保存期限、营养表、条码、承重限制、环保标章等信息，都必须依照法规一一标示清楚。

(3)沟通：有些企业为了提升企业形象，会在包装上附加一些关怀文章、赞助活动或正面的宣导信息，以此与消费者产生良性互动。

(4)占货架空间：商品最终的战场在卖场，不论是商店内货架或自动售货机，如何与竞争品牌一较长短、如何创造更佳的视觉空间，都是包装设计的考虑因素，如立顿茗闲情所创造出来的斜面，即增加了信息沟通的空间。

(5)刺激购买欲：包装设计与广告的搭配，能使消费者对商品产生记忆，进而从货架上五花八门的商品中脱颖而出。

(6)自我销售：商业包装是消费者接触最多的包装，现在卖场中已不再有店员从旁促销或推荐的销售行为，而是由包装与消费者做面对面的直接沟通，所以一个好的包装设计必须确实地提供商品信息给消费者，并且让消费者在距离60厘米处(一般手长度)、3秒钟的快速浏览中，一眼就看出“我”才是你需要的！

(7)促销：为了清楚告知商品促销的信息，包装有时必须配合促销内容而重新设计，如增量、打折、降价、买一送一、送赠品等促销内容。

3. 包装的基本功能

(1)储存及携带：透过“包”与“装”，能将产品集中、置于同一空间内，以方便储存、计量、计价及携带。

(2)便于传递运送:产品从产地到消费者手中,须经过包装处理才能组装及运输至卖场上架出售。

(3)传递告知信息:由包装的材质及形式,让消费者知道内容物的属性,传达消费资讯。

(4)保存产品寿命:视商品属性及需求,有时为了延长商品寿命,包装的功能性往往胜过视觉表现,甚至必须付出更多的包装成本。

(5)承受堆叠压力:因堆叠或运输的关系,包装材料的选用亦是关键。

(6)防氧化/紫外线:在许多国家已有法规明定,有些商品须采用隔绝光、紫外线、抗氧化的包装材料,以防商品变质。

4. 包装设计赋予商品附加价值

包装除具备前述的基本功能,在现有竞争激烈的消费市场里,包装设计肩负的责任更广泛,从下列各点可看出包装设计所赋予的附加价值。

(1)传达商品文化:此项与广告有关。消费者从广告形象中,大致对此企业的文化有一定的印象与认识,因此产品包装须与企业形象大致相符。例如:宝路 Pedigree 宠物饲料包装上的爱犬图,和广告诉求上的爱犬与主人互动可爱活力的品牌形象是一致且相互呼应。

(2)提升附加价值:商品使用完之后,包装可再次利用,除增加商品附加价值也减低包装垃圾量,企业与消费者如此一来都可为环保尽一份心力。

(3)品牌形象再延伸:品牌形象的延伸,有许多操作模式,利用包装设计是一种方式,广告诉求也是一种手法。例如立顿一向以黄色色块为品牌形象延伸的基础。借由何种媒介或手法,依赖企业主与设计者之间的沟通。

5. 执行包装设计的基本认知

(1)确认产品推出的目的。新包装的推出不一定是新产品的上市。产品的行销规划影响包装的设计方向,因此,确认产品推出的目的是进行包装设计工作前最基本的认知,以下分别就产品推出的目的说明如下:

新品牌新产品:市场上全新产品的推出必定有一新品牌。案例:立顿品牌推出三角立体茶包,就以茗闲情为副品牌以及工研制醋的醋豆子。

新品牌一般产品:一般性的产品,在市面上竞争品牌众多,为了建立不同的品牌形象,需建立一新品牌以为区别。案例:丽婴房 Nac Nac 婴儿清洁用品系列以及新东阳唐点子传统糕点。

原有品牌新产品:当现有品牌朝新品项发展时,亦需将原有品牌印象融入新产品的包装。

现有产品线推出:将现有产品延伸,如新口味的推出或是成分比率的重新调配。

现有产品改包装:为符合不同通道或消费习惯的需求,同样的内容物会因通道的不同而采用不同的包装设计。一般而言,此类商品多属低关心度,须借由外包装的巧思以刺激消费者的购买欲望。

现有产品加量:往往在竞争环境下,业者不愿削价促销,转而增加内容量的一种手法。

新产品上市/促销:配合新产品上市所推出的促销包,以吸引各个通道或消费者注意。

现有产品+促销:因通道限制与促销活动的配合问题,往往只能以现有产品加上赠品为促销手段。

现有产品组合装:现有市售产品,消费者可依个人喜好自行组合产品口味。

现有产品礼品装:因应特定节庆所推出的礼盒装。

业务推广盒:企业主为了告知新产品的上市,会汇集各通道的经销商举办上市说明会,会中除说明产品特性及销售利润之外,亦赠送业务推广礼盒给予各经销商。

(2)从策略面了解商品诉求。在进行包装设计之前,须和企业主做充分的沟通,既可避免错误的尝试,也可节省彼此试探的时间及成本。从策略面切入点来看,设计师应先抓住企业主想表现的重点,设计方向才能准确无误。

塑造品牌形象:包装设计以表现品牌形象及目的为主要诉求。

新产品告知:新产品的开发费时,一旦上市后需有些教育的功能在包装上出现。

新产品告知:现有商品拓展产品品项。

强化产品功能:诉说产品的独特卖点。

强化使用情境:多应用于感性诉求的产品包装。

扩大消费群:当市场已趋饱和或稳定时,有企图心的企业主往往会另创一市场。

打击竞争品牌:最明显的例子是增量包,"超值享受不加价"对消费者来说实在迷人,对竞争者而言更颇具杀伤力。

低价策略:多用于赠品或促销商品,消费者只需用同样的价钱或多花一点钱,就可获得精美礼品。

引发兴趣注意:利用人物或时尚话题来结合包装设计,为产品的上市述说故事。

结合广告故事:由广告故事的搭配,使消费者对商品有更深刻的印象,将广告画面设计在包装上,能使消费者接触到商品包装时联想到广告,增强对商品的印象。

◈练习题

1. 通过学习和查询资料,为一款新上市的猪用预混料设计包装袋。

2. 通过学习和查询资料,从正大、希望、大北农三家饲料公司所生产的产品中,挑选 9 个品种的饲料进行对比,分析包装和核心价值的异同点。

任务四　市场定位并确定目标市场

一、能力训练

1. 阅读案例,用 6～8 个关键词,复述案例内容。

2. 分析 S 饲料公司的成功要素。

3. 为 S 公司营销活动做一个策划方案。

◈案例

S 饲料公司的成功秘诀

四川 S 饲料公司所生产的特种水产饲料相比较市场上的同类产品虽有一定的优势,但并不明显。其产品诉求与目前西南地区市场上其他水产饲料品牌无异,从饲料行业巨头到地方不知名的小企业,均以鱼成活率高、长速快、体形好、体色好、耐长途运输等作为主要诉求点,整个市场饲料同质化现象越来越严重,并且 S 饲料还面临来自通威、海大、正大等知名大企业的竞争压力，想要从众多竞争对手中脱颖而出，S饲料的唯一出路就是打破常规，以创新寻找一条与众不同的道路。

2009年，S饲料营销团队深度走访了西南地区多家不同规模的池塘养殖户，获取了第一手的市场信息，根据调研结果准确地找到了S饲料目标客户在养殖中遇到的核心问题。S饲料营销团队将生物活性饲料作为市场突破口，以"活的饲料"为品牌定位并迅速抢占了生物活性饲料的市场空间，通过在饲料内加入高活性OBA益生菌，搭配"活水一号"产品，推出"双活"健康养殖模式，在目标客户的认知中建立了更稳固的沟通关系。

经过一年多的精心筹划和部署，2010年新年之后，S饲料公司正式启用了全新品牌形象，以"双活"为主题的新型水产健康养殖模式推广会也在西南各个主要养殖地区获得极大的反响，成功实现战略转型，销售额也随之翻了一番，带来更丰厚的收益，企业跃上全新的平台。

二、导读：市场定位

市场定位是企业及产品确定在目标市场上所处的位置。市场定位是由美国营销学家艾·里斯和杰克·特劳特在1972年提出的，其含义是指企业根据竞争者现有产品在市场上所处的位置，针对顾客对该类产品某些特征或属性的重视程度，为本企业产品塑造与众不同的，给人印象鲜明的形象，并将这种形象生动地传递给顾客，从而使该产品在市场上确定适当的位置简而言之：就是在客户心目中树立独特的形象。

1. 市场定位的作用

市场定位可分为对现有产品的再定位和对潜在产品的预定位。对现有产品的再定位可能导致产品名称、价格和包装的改变，但是这些外表变化的目的是为了保证产品在潜在消费者的心目中留下值得购买的形象。对潜在产品的预定位，要求营销者必须从零开始，使产品特色确实符合所选择的目标市场。公司在进行市场定位时，一方面要了解竞争对手的产品具有何种特色，另一方面要研究消费者对该产品的各种属性的重视程度，然后根据这两方面进行分析，再选定本公司产品的特色和独特形象。

市场定位也称作"营销定位"，是市场营销工作者用以在目标市场(此处目标市场指该市场上的客户和潜在客户)的心目中塑造产品、品牌或组织的形象或个性的营销技术。

2. 市场定位的内容

产品定位：侧重于产品实体定位质量、成本、特征、性能、可靠性、用性、款式等。

企业定位：企业形象塑造品牌、员工能力、知识、言表、可信度等。

竞争定位：确定企业相对与竞争者的市场位置。

消费者定位：确定企业的目标顾客群。

3. 市场定位的步骤

市场定位的关键是企业要设法在自己的产品上找出比竞争者更具有竞争优势的特性。

竞争优势一般有两种基本类型：一是价格竞争优势，就是在同样的条件下比竞争者定出更低的价格。这就要求企业采取一切努力来降低单位成本。二是偏好竞争优势，即能提供确定的特色来满足顾客的特定偏好。这就要求企业采取一切努力在产品特色上下工夫。因此，企业市场定位的全过程可以通过以下三大步骤来完成：

(1)识别潜在竞争优势。这一步骤的中心任务是要回答以下三个问题：一是竞争对手产品定位如何？二是目标市场上顾客欲望满足程度如何以及确实还需要什么？三是针对竞争者的市场定位和潜在顾客真正需要的利益要求企业应该及能够做什么？要回答这三个问题，企业市场营销人员必须通过一切调研手段，系统地设计、搜索、分析并报告有关上述问题的资料和研究结果。通过回答上述三个问题，企业就可以从中把握和确定自己的潜在竞争优势在哪里。

(2)核心竞争优势定位。竞争优势表明企业能够胜过竞争对手的能力。这种能力既可以是现有的，也可以是潜在的。选择竞争优势实际上就是一个企业与竞争者各方面实力相比较的过程。比较的指标应是一个完整的体系，只有这样，才能准确地选择相对竞争优势。通常的方法是分析、比较企业与竞争者在经营管理、技术开发、采购、生产、市场营销、财务和产品等七个方面究竟哪些是强项，哪些是弱项。借此选出最适合本企业的优势项目，以初步确定企业在目标市场上所处的位置。

(3)战略制定。这一步骤的主要任务是企业要通过一系列的宣传促销活动，将其独特的竞争优势准确传播给潜在顾客，并在顾客心目中留下深刻印象。为此，首先，企业应使目标顾客了解、知道、熟悉、认同、喜欢和偏爱本企业的市场定位，在顾客心目中建立与该定位相一致的形象。其次，企业通过各种努力强化目标顾客形象，保持目标顾客的了解，稳定目标顾客的态度和加深目标顾客的感情来巩固与市场相一致的形象。最后，企业应注意目标顾客对其市场定位理解出现的偏差或由于企业市场定位宣传上的失误而造成的目标顾客模糊、混乱和误会，及时纠正与市场定位不一致的形象。

4．市场定位的方式

(1)避强定位策略。是指企业力图避免与实力最强的或较强的其他企业直接发生竞争，而将自己的产品定位于另一市场区域内，使自己的产品在某些特征或属性方面与最强或较强的对手有比较显著的区别。

优点：避强定位策略能使企业较快地在市场上站稳脚跟。并能在消费者或用户中树立形象，风险小。

缺点：避强往往意味着企业必须放弃某个最佳的市场位置，很可能使企业处于最差的市场位置。

(2)迎头定位策略。是指企业根据自身的实力，为占据较佳的市场位置，不惜与市场上占支配地位的、实力最强或较强的竞争对手发生正面竞争，而使自己的产品进入与对手相同的市场位置。

优点：竞争过程中往往相当惹人注目，甚至产生所谓轰动效应，企业及其产品可以较快地为消费者或用户所了解，易于达到树立市场形象的目的。

缺点：具有较大的风险性。

(3)创新定位。寻找新的尚未被占领但有潜在市场需求的位置，填补市场上的空缺，生产市场上没有的、具备某种特色的产品。

(4)重新定位。公司在选定了市场定位目标后，如定位不准确或虽然开始定位得当，但在市场情况发生变化时，如遇到竞争者定位与本公司接近，侵占了本公司部分市场；或由于某种原因消费者或用户的偏好发生变化，转移到竞争者方面时，就应考虑重新定位。重新定位是以退为进的策略，目的是为了实施更有效的定位。

5．市场定位的形式

(1)产品差别化战略。即是从产品质量，产品款式等方面实现差别，寻求产品特征是产品差别化战略经常使用的手段。

(2)服务差别化战略。即是向目标市场提供与竞争者不同的优异服务。企业的竞争力越好地体现在对顾客的服务上,市场差别化就越容易实现。

(3)人员差别化战略。即通过聘用和培训比竞争者更为优秀的人员以获取差别优势。

(4)形象差异化战略。即在产品的核心部分与竞争者雷同的情况下塑造不同的产品形象以获取差别优势。

6. 市场定位的原则

各个企业经营的产品不同,面对的顾客也不同,所处的竞争环境也不同,因而市场定位所依据的原则也不同。总的来讲,市场定位所依据的原则有以下四点:

(1)根据具体的产品特点定位。构成产品内在特色的许多因素都可以作为市场定位所依据的原则。比如所含成分、材料、质量、价格等。

(2)根据特定的使用场合及用途定位。

(3)根据顾客得到的利益定位。产品提供给顾客的利益是顾客最能切实体验到的,也可以用作定位的依据。

(4)根据使用者类型定位。企业常常试图将其产品指向某一类特定的使用者,以便根据这些顾客的看法塑造恰当的形象。

事实上,许多企业进行市场定位依据的原则往往不止一个,而是多个原则同时使用。因为要体现企业及其产品的形象,市场定位必须是多维度、多侧面的。

7. 市场定位的方法

(1)区域定位。区域定位是指企业在进行营销策略时,应当为产品确立要进入的市场区域,即确定该产品是进入国际市场、全国市场,还是在某市场、某地等。只有找准了自己的市场,才会使企业的营销计划获取成功。

(2)阶层定位。每个社会都包含有许多社会阶层,不同的阶层有不同的消费特点和消费需求,企业的产品究竟面向什么阶层,是企业在选择目标市场时应考虑的问题。根据不同的标准,可以对社会上的人进行不同的阶层划分,如按知识分,就有高知阶层、中知阶层和低知阶层。进行阶层定位,就是要牢牢把握住某一阶层的需求特点,从营销的各个层面上满足他们的需求。

(3)职业定位。职业定位是指企业在制定营销策略时要考虑将产品或劳务销售给什么职业的人。将饲料销售给农民及养殖户,将文具销售给学生,这是非常明显的,而真正能产生营销效益的往往是那些不明显的、不易被察觉的定位。在进行市场定位时要有一双善于发现的眼睛,及时发现竞争者的视觉盲点,这样可以在定位领域内获得巨大的收获。

(4)个性定位。个性定位是考虑把企业的产品如何销售给那些具有特殊个性的人。这时选择一部分具有相同个性的人作为自己的定位目标,针对他们的爱好实施营销策略,可以取得最佳的营销效果。

(5)年龄定位。在制定营销策略时,企业还要考虑销售对象的年龄问题。不同年龄段的人,有自己不同的需求特点,只有充分考虑到这些特点,满足不同消费者要求,才能够赢得消费者。

8. 确定目标市场

在市场细分的基础上对细分出来子市场进行评估以确定品牌应定位的目标市场。确定目标市场的程序是:

(1)对细分市场进行评估,以确定目标市场。评估细分市场:评估的核心是该市场的实际容量。评估应考虑三个方面的因素:细分市场的规模,细分市场的内部竞争力和企业的资源条件。

潜在的需求规模是由潜在消费者的数量、购买能力、需求弹性等因素决定的,对小企业而言,市场规模越大需要投入的资源越多,而对大企业的吸引力也就越大,竞争也就越激烈,因此,选择不被大企业看重的较小细分市场反而是上策。

细分市场竞争力分析:如果细分市场竞争品牌众多,且实力强大,或进入壁垒、退出壁垒较高,且存在替代品牌,则该市场就会失去吸引力。中小企业要进入这样一个市场,成功的可能性很小。

企业的资源条件:如细分市场和企业目标相符,但企业的资源条件,如:人、财、物等资源有限,不能保证该细分市场的成功,则企业也应果断舍弃。因此,对细分市场的评估应从上述三个方面综合考虑,全面权衡,这样评估出来的企业才有意义。

(2)选择进入细分市场的方式。当发现一个或几个值得进入的细分市场,这也就是品牌经营者所选择的目标市场,有四种进入方式以供参考:

集中进入方式:企业集中力量在一个目标市场上进行品牌经营,满足该市场的需求,在该品牌获得成功后再进行品牌延伸,这是中小企业在资源有限的情况下进入市场的常见方式。集中进入的方式有利于节约成本,以有限的投入突出品牌形象,但风险也比较大。

多样专门化:选择若干个目标市场,同时进行品牌营销,这些市场之间或许很少或根本没有联系,但企业在每个市场上都能获利。这种进入方式有利于分散风险,企业即使在某一市场失利也不会全盘皆输。

无差异进入:对各细分市场之间的差异忽略不计,只注重各细分市场之间的共同特征,推出一个品牌,采用一种营销组合来满足整个市场上大多数消费者的需求。这样往往采用大规模配销和广告轰炸的办法,以达到快速树立品牌形象的效果。此种策略能降低生产经营成本和广告费,不需要进行细分市场的调研和评估。但是风险也比较大,毕竟在现代要求日益多样化、个性化的社会,以一种产品、一个品牌满足大部分需求的可能性很小。

差异进入:有多个细分子市场为目标市场,分别设计不同的产品,提供不同的营销组合以满足各子市场不同的需求,由于针对特定目标市场的需求,因而成功的概率更高,能取得更大的市场占有率,但营销成本也高。

四种市场进入方式各有优缺点,企业在选择时应考虑自身的资源条件,结合产品的特点,选择最适宜的方式进入。

◆练习题

1. 通过学习和查询资料,从湖北省中找出1家饲料公司的4种饲料,说明其市场定位和目标市场分别是什么。

2. 你如果正在推销一种质量非常好,但是名气不大的猪预混料,你会定位在什么市场?为什么?

项目四　饲料营销策略选择与实施

◆学习目标

1. 通过学习和训练，能够掌握饲料营销策略的选择与实施方法，并能设计饲料营销策划书。

2. 通过学习和训练，能够拟写饲料产品广告词、命名饲料品牌、选择媒体宣传、优化产品组合、拟定饲料价格、确定销售渠道、拟写促销方案并付诸实施。

任务一　命名饲料产品，并拟广告词

一、能力训练

1. 阅读案例，尝试对A、B、C三种饲料进行命名。

2. 以小组为单位，充分讨论，对命名后的产品拟写30秒钟的电视广告词，演示并宣讲设计思路。

◆案例

A、B、C三种新产品的广告

湖北通达饲料公司欲开发三种产品。A种产品要突出该饲料的配方独到，经验丰富，产品质量好。B种产品要突出科技含量，饲料生产、制作工艺精细，动物爱吃、消化利用率高。C种产品要体现该种饲料的适用性，无论南北养殖，都能取得极好的效果。

二、导读：广告策略

广告即“广而告之”之意。广告作为一种传递信息的活动，它是企业在促销中应用最广的促销方式。它以促进销售为目的，是需要付出一定的费用，通过特定的媒体传播商品或劳务等有关经济信息的大众传播活动。广告策略必须围绕广告目标，因商品、因人、因时、因地而异，还应符合消费心理。

1. 广告策略主要类型

(1)生活信息广告策略。这主要是针对理智购买的消费者而采用的广告策略。这种广告策略，通过类似新闻报道的手法，让消费者马上能够获得有益于生活的信息。

(2)塑造企业形象广告策略。这种广告策略一般来说，适合于老厂、名厂的传统优质名牌产品。这种广告策略主要是强调企业规模的大小及其历史性，从而诱使消费者依赖其商品服务形式。也有的是针对其产品在该行业同类产品中的领先地位，为在消费者心目中树立领导者地位而采取的一种广告策略。

(3)象征广告策略。这种广告策略,主要是为了调动心理效应而制定的。企业或商品通过借用一种东西、符号或人物来代表商品,以此种形式来塑造企业的形象,给予人们以情感上的感染,唤起人们对产品质地、特点、效益的联想。同时,由于把企业和产品的形象高度概况和集中在某一象征上,能够有益于记忆,扩大影响。

(4)承诺式广告策略。这是企业为使其产品赢得用户的依赖而在广告中做出某种承诺式保证的广告策略。值得提出的是承诺式广告的应用,在老产品与新产品上的感受力度和信任程度有所不同的。承诺式广告策略的真谛是:所作出的承诺,必须确实能够达到。否则,就变成更加地道的欺骗广告了。

(5)推荐式广告策略。企业与商品自卖自夸的保证,未必一定能说服人。于是,就要采用第三者向消费者强调某商品或某企业的特征的推荐式广告策略,以取得消费者的信赖。所以这种广告策略,又可称为证言形式。对于某种商品,专家权威的肯定,科研部门的鉴定,历史资料的印证,科学原理的论证,都是一种很有力的证言,可以产生"威信效应",从而导致信任。在许多场合,人们产生购买动机,是因为接受了有威信的宣传。

(6)比较性广告策略。这是一种针对竞争对手而采用的广告策略,即是将两种商品同时并列,加以比较。欧美的一些国家广告较多的运用。"不怕不识货,就怕货比货"。比较,可以体现产品的特异性能,是调动信任的有效方法,比较的方法主要有:功能比较、革新对比、品质对比。

(7)打击伪冒广告策略。这是针对伪冒者而采取的广告策略。鉴于市场上不断出现伪冒品,为避免鱼目混珠,维护企业名牌产品的信誉,就需在广告中提醒消费者注意其名牌产品的商标,以防上当。

(8)人性广告策略。这是把人类心理上变化万千的感受,加以提炼和概括,结合商品的性能、功能和用途,以喜怒哀乐的情感在广告中表现出来。其最佳的表现手法是塑造消费者使用该产品后的欢乐气氛,通过表现消费者心理上的满足,来保持该产品的长期性好感。

(9)猜谜式广告策略。即不直接说明是什么商品,而是将商品渐次地表现出来,让消费者好奇而加以猜测,然后一语道破。这种策略适宜于尚未发售之前的商品。猜谜式广告策略,看起来似乎延缓了广告内容的出台时间,其实却延长了人们对广告的感受时间。通过悬念的出现,使原来呈纷乱状态的顾客心理指向,在一定时间内围绕特定对象集中起来,为顾客接受广告内容创造了比较好的感受环境和心理准备,为顾客以后更有效地接受广告埋下了伏笔。

(10)如实广告策略。这是一种貌似否定商品,实际强化商品形象,争取信任的广告策略。这与竭力宣传本商品各种优点,唯恐令人不信的广告有很大区别。如实广告就是针对消费者不了解商品的情况,如实告诉消费者应当了解的情况。

2. 拟写广告语技巧

广告词要求既能体现产品的特色,又能形象生动,易学易记,让人朗朗上口。

(1)词语活用法这种方法就是把人们熟识的词语进行改编、活用。由于一些词语人们日常生活中经常说、经常用,所以运用这种方法拟写的广告语,给人以一种似曾相识的亲切之感。如:美加净生发灵:聪明不必绝顶。丰田汽车:车到山前必有路,有路必有丰田车。

(2)巧妙攻心法利用人们的某种心理效应,以最简短、最实在的话说到他的心里去,引起他心灵的震撼,从而收到意想不到的效果。如:山叶钢琴:学琴的孩子不会变坏;人头马 XO:人头马一开,好事自然来;孔府家酒:孔府家酒,叫人想家;威力洗衣机:献给母亲的爱等。

(3)妙用谐音法这种方法只追求语音上的相同或相近,而不讲其字意。运用谐音来进行广告宣传,往往会收到幽默风趣,令人难忘的效果。如:恒源祥:羊羊羊,发羊财(羊——祥)。自行车:骑乐无穷(骑——其)。汾酒集团:汾酒必喝,喝酒必汾(分久必合,合久必分)。

(4)自相矛盾法这种方法的妙处就是先说出一般的情况,然后引出要广告的对象与一般的不同,从而突出要广告对象特殊的特征。这种方法在比较中彰显个性,结果鲜明独特,令人过耳或过目不忘。如:新飞电冰箱:新飞广告做得好,不如新飞冰箱好;脑白金:今年过年不收礼,收礼还收脑白金。

(5)借用修辞法运用修辞法,能把广告对象某方面不为人知的特征比作人们熟识的事物,从而使人们对它有个感性的了解。如:美国眼镜广告:眼睛是灵魂的窗户,为了保护您的灵魂,请给窗户安上玻璃吧(比喻)! 亚细亚商场:中原之行哪里去? 郑州亚细亚(设问)。新疆贡:“吐鲁番的葡萄,哈密的瓜,新疆贡酒人人夸”(对比)。

(6)突出效果法运用这种方法把事物的奇特效果先突出出来,往往更能吸引人们的好奇心,让人产生一试为快的欲望。如:杉杉西服:不要太潇洒;皇冠牌香烟:禁止抽烟,连皇冠也不例外。

(7)实话实说法运用这种方法能拉近人们心灵的距离,让人对你产生无限的信任,从而也就达到了广告的目的。如:舒肤佳:促进健(续致信网上一页内容)康为全家;农夫山泉:农夫山泉有点甜;蓝天六必治:牙好,胃口就好,身体倍儿棒 ,吃嘛嘛香。

(8)一语双关法运用这种方法既能道出自己所宣传的产品,又别有深意,令人回味无穷,产生持久的动人魅力。如:太平洋保险公司:平时一滴水,难时太平洋;联想电脑:没有联想,世界将会怎样;口子酒:生活中离不开这口子。

(9)利用反语法利用反语,巧妙地道出产品特色,往往给人印象更加深刻。如:牙刷广告词:“一毛不拔”;打字广告:“不打不相识”。

(10)展现情感法以缠绵轻松的词语,向消费者内心倾诉。有一家咖啡厅以“有空来坐坐”为广告词,虽然只是淡淡的一句,却打动了许多人的心。

(11)妙用韵律法 如诗歌一般的韵律,易读好记。如古井贡酒的广告词:“高朋满座喜相逢,酒逢知己古井贡”。

(12)借用幽默法用诙谐、幽默的句子做广告,既能让人忍俊不禁,发出会心的微笑,也能使人们开心地接受产品。例如杀虫剂广告:“真正的谋杀者”;脚气药水广告:“使双脚不再‘气’”;电风扇广告:“我的名声是吹出来的”。

(13)提出建议法这种广告由于是建议式的,所以更能起到潜移默化的作用,更易于人们接受。如:宁夏红:“每天喝一点,健康多一点”;宋河酒:“东奔西走,要喝宋河老酒”。

◆练习题

1. 回忆你所在媒体上看到的饲料广告,你认为哪个品牌的饲料广告效果最有印象?为什么?

2. 请你为通达饲料有限公司生产的一种猪添加剂预混合饲料拟写一份 30 秒的电视广告词。

任务二　打造命名饲料产品品牌

一、能力训练

1. 阅读案例，分组设计一份该添加剂的品牌故事。

2. 每个小组派出代表，对各自设计的品牌故事进行宣讲，并讲解创意思路。

◈案例

某饲料公司征集品牌故事

某饲料企业公开征集“二师兄”系列母猪专用保健添加剂的品牌故事。

产品特点：在养猪生产中，经常出现母猪怀孕后期便秘，产后无乳、缺乳；奶猪拉稀；断奶后母猪不发情、屡配不孕等现象，该企业动物研究所专家教授经过多年的临床实践研究，研制出二师兄系列产品，实践证明该产品能够较好地解决母猪产后无乳、产后不发情和乳猪拉稀等问题。

品牌理念：致力于绿色无抗微生态产品。利用中药提取物修复器官损伤，抗击规模化集约化养殖中滥用抗生素的现象。

征集内容：“二师兄”品牌的故事由来。

征集要求：必须从历史、文化的角度诠释“二师兄”品牌，诠释中含品牌定位、品牌理念、品牌个性、品牌承诺、品牌风格以及宣传口号。文字500字左右，图文并茂。

故事背景提醒：研究所一位去世老专家，大学毕业后，响应国家号召成为下乡知青，在劳动中利用所学知识，苦心专研母猪高产优生方法……

需注意问题：二师兄商标名称在养殖行业与病症或产品没有直接相关的意思，要较好地找出二师兄与饲料添加剂（用途、功能）的最佳结合点。

二、导读：品牌策略

1. 品牌及其策略

在现代市场营销观念中，品牌是构成产品整体的一个重要组成部分。一个好的品牌，有助于新产品尽快被用户接受，有助于促进销售，甚至可以提高产品身价。有人预测，21世纪将是品牌营销的时代，因此，品牌决策也是企业市场营销策略的重要内容。

（1）品牌的含义与内容。品牌是指产品的企业化名称（品牌名称）、品牌标志和商标的总称，通常是指用于识别产品的某一名称、术语、符号、象征或设计，或它们的某种组合，其功能是使本企业的产品或服务同竞争者区别开来。

品牌名称指品牌中可用语言表达的部分。如饲料有希望、正大、六和、大北农、福德宝等。品牌名称是品牌的核心要素，是品牌标志和品牌联想及认同的基础。在命名时必须注意稳健和诚信，具有易记、暗示产品好的联想等显著的特点，并符合国家法规的要求。品牌标志指品牌中可被识别但不能用语言表达的部分，包括符号、象征、颜色等。

(2)品牌的作用。产品品牌的作用,除了将某一产品与其他同类产品相区别以外,更重要的作用在于它是产品质量的象征。不同品牌代表不同企业的工艺特点和产品质量水平,名牌产品代表着品质优良,往往成为用户优先购买的目标。对于饲料企业,优质名牌还能树立良好的企业形象,如正大公司这些年在用户心目中真正树立起了品种齐全、质量可靠的形象,在河南市场上,一提起"豫大",用户就可联想到优质的猪料。因此,争创好品牌,可以促进销路的打开,对企业生存、发展和增强竞争力,起着一定的保证作用。另外,优质品牌还具有无形资产价值,它是由企业经过长期的质量、宣传、服务等方面的投入而创造出来的。

(3)品牌的定位。如果说品牌是用户的认知,则定位就是企业组织将品牌提供给用户的过程。在这个过程中,关键是一方面要查明用户的购买动机,另一方面还要懂得用户如何应对其营销组合。品牌定位通常是寻找竞争产品还没有的重要特征,并通过企业的营销策略将其传导扩散出去。品牌定位应注意以下原则:

首先定位要自己能够到位,体现产品的真正优越性。饲料都是产业用品而不是文化生活用品,用户希望这些产品应有的可靠性,以保证养殖业的健康发展。其次,定位应让用户和经销商切身感受到并且有标准去判断是否到位,否则,定位失去意义。比如定名为"五福"、"茂盛",用户感受到了什么呢?第三,饲料作为同质性强的产品,定位要表现出竞争优势,建立个性化的品牌,如质量承诺,服务最快捷、配方及工艺最先进等,以有别于竞争对手,特别是在市场"疲软",降价竞争不可避免时,其优势就会显露出来。第四,定位要清楚明白,聚焦于一点,否则缺乏攻击力或说服力。第五,品牌定位切忌低级庸俗化。品牌也是构成企业文化的一部分,定位定名应与社会文化环境的建设相适应,否则将失去生存、发展的环境。

(4)品牌策略。一个企业采用什么样的品牌策略,对企业的发展影响较大,以下策略可供选择。一种产品使用多个品牌一种核心产品可以拥有不同的形体、包装和服务方式等,也可以采用多品牌营销策略,以便于在同一地区增设经销商,防止相互杀价"撞车"的矛盾发生。多品牌策略运用得当,可增强企业在同类产品市场的竞争力。

多种产品共用一个品牌这在饲料企业较为常见。如河南省福德宝饲料科技有限公司生产的"绿诚福德宝"牌复合预混料,涵盖了猪、鸡、鸭、牛、鱼五个系列。这种策略的优点是:建立一个品牌信誉,带动多种产品,有利于解除用户对新产品的不信任感,节约推广费用。但要求该品牌已具有较高的市场信誉,并且新开发的产品不损害原畅销产品的质量和服务定位。

分类单位使用不同的品牌即按不同系列产品线划分不同的品牌,如饲料厂的猪料、鸡料、鱼料等分别命名品牌;兽药厂的粉针、水针、片剂、散剂、消毒剂等系列分别命名品牌。在一个同时经营兽药、饲料、畜产品加工、果蔬加工等业务的集团公司内,可按经营的种类使用不同的品牌,以免造成混淆。

品牌再定位策略在市场需求或竞争发生变化,使得产品市场份额降低,出现亏损时,企业应考虑调整其产品定位,与竞争对手的产品拉开差距。作为领导者的品牌策略是提高产品档次,保持距离;而作为挑战者或者追随者的品牌策略则是品牌仿效,以便"大树底下好乘凉",达到借船出海、节省开支、拓展销路的目的。

2. 商标及其策略

(1)商标的基本内容。商标的含义:商标是指商品上的一种特定标记,它能使用户以确定产品的品质和生产者(或销者)。产品的商标是文字名称、图案记号或二者结合的一种设计物,经向有关部门(如在我国的工商局)注册登记后,即为企业产品专有的标记商标。经注册登记后的商标有标记、或“注册商标”字样，商标注册人享有使用权，受法律保护。商标与品牌既有联系，又有区别，二者可以相同，也可以不同，它们都是产品的标记。但商标须办理注册，而品牌无须办理注册，商标是一个法律名词，一个品牌或其一部分经注册后可成为商标。

商标设计：商标由文字、图案、符号之一或其组合构成。可分为单一型和组合型两大型两大类。单一型商标在饲料行业较少，如美国辉瑞有限公司动物保健部生产的饲料混合酸化剂的商标用“速酸肥”三字组成；德国赫司特罗素动物保健品有限公司生产的微粒盐霉素钠预混剂用“赛利兴”三字组成；北京伟嘉饲料集团的商标由“伟嘉”两字的汉语拼音首字母变伟嘉饲料集团的商标由“伟嘉”两字的汉语拼音首字母 W 和 J 变形为皇冠图形而成等。组合型商标较为常见。在商标设计过程中，要注意符合国家相关法律规定和目标用户的习俗。

(2)商标的功能。区分产品来源这是商标的原始功能，一般来说使用同一商标的产品是由同一家企业生产的，非经许可，他人不得使用，冒充和仿效。这样用户就可根据商标了解产品的出处，同时也有助于企业加强责任心，注意保持和改进产品的质量。

促进产品销售商标是产品质量特性的标志。用户往往根据商标来购买，这样商标在促进产品销售中就起着无声宣传员的作用。企业就可以以此组织产品推销和广告宣传，建立产品信誉，迅速提高产品的市场占有率。

维护企业和用户的正当权益商标经注册，就受到法律的保护和制约，尤其是享有圣誉的商标，成为企业的无形资产，不仅是可以转让买卖的工业产权，而且是企业获取利润进行竞争的有力手段。同时商标也是用户监督产品质量的重要手段，具有保护用户利用的作用。

(3)商标策略。统一商标策略：指企业对所有产品采用统一的商标。这种企业一般都是产品质量稳定、企业素质较好，商标信誉较好的企业。采用这种策略有助于提高企业的知名度，利用统一商标不断推出新产品，节省商标设计费用和广告宣传费用。但如果产品的质量不稳定，则不宜采用统一商标策略。否则一旦某种产品质量不好，就会影响其他产品，损害企业的整体形象。

多种商标策略：指企业对不同产品采取不同种商标。这种策略的优点是一个商标的信誉只影响一种产品的声誉，不会因为一个商标失败而使企业全盘皆输。同时，由于商标的更换，可以激励企业创新，并满足用户求新的心理要求。多种商标策略能更好地反映新产品的特性和迎合不同区域，不同市场的特殊偏好。但这种策略一般只适用于不同品质的产品，并且不利于在用户心目中树立起企业的良好形象，推销费用也较高。

商标创新策略：指改变原有商标或创立全新商标。改进后的商标应与原商标造型接近，以减少更换商标给企业带来的风险，保持产品原有的信誉。舍弃原商标，采用全新设计的商标，可以显示企业的创新特色，使商标更具有时代感和说服力。企业在采取这种策略时，要对更新商标的原因作认真的分析，如由于产品质量问题倒了牌子，在提高产品质量的同时需采用新商标来消除用户对产品的不好印象，或者原商标陈旧，不适应产品的特点和市场变化的需要等。要克服商标越老越好，不敢改动陈旧商标的思想，但同时也应避免不作慎重考虑而轻易改动商标的非理智行为。

经销商商标策略：经销商为了利用商标在用户中的影响，作用树立自己的形象，加强自己在市场上的竞争能力，对所经销的部分产品或全部产品完全去掉生产厂家的商标，改用自己的商标。这种策略的优点在于经销商通过自己的营销策略吸引用户，并利用周到的服务增加用户的安全感，从而获得商标的声誉，赢得更多的用户。

无商标策略:在企业生产的产品难以形成自己的特点,而不易与其他同类产品相区别时,可对这些产品不使用商标,以节省管理费用。但值得注意的是,随着人们对商标价值认识的提高,原来不使用商标的产品,也开始趋向使用适当的商标进行销售。

◈练习题

1. 为彩虹饲料有限公司所生产的饲料设计一个商标,要体现现代科技元素和敢于担当负责的元素。

2. 如果你是一个饲料公司的营销总监,你怎样维护公司的品牌形象?

任务三　选择媒介宣传饲料产品

一、能力训练

1. 阅读案例,归纳提炼出 3 或 4 个关键词描述宏图公司的宣传策略。

2. 根据你的认识,销往农村或山区养殖户的饲料一般最好采用什么媒介进行宣传。

3. 在宣传效果极佳的情况下,预计会出现怎样的销售结果?对销售的结果进行分析。

◈案例

宏图饲料公司的广告策略

宏图饲料公司 2009 年拓展鄂东农村市场时,以广告传播作为进入市场的“敲门砖”。为不让广告费打“水漂”,确保“好钢用在刀刃上”,经过市场部周密策划,制定了传播策略:

1. 在国道、省道、县道以及辖区内主要乡村的道路上,遍刷白底红字的墙体广告,“宏图饲料,让您大展宏图”的广告语极为醒目。

2. 大量张贴海报和发放 POP,详尽介绍公司的预混料、浓缩料的生产性能和效果,宣传采用通俗易懂的书面语言甚至当地“俚语”。

3. 在电视台点播精彩电影大片,并适时插播科学养殖知识、公司及产品介绍等软广告;深入农村田间地头巡演戏曲、歌舞等深受农民欢迎的娱乐节目。

4. 配合地面宣传攻势,在当地电视台、电台广播(包括大喇叭)推出 5 s、10 s 品牌广告,以求空中战与地面战相互呼应、相得益彰。

通过宏图饲料公司一系列的传播整合,宏图饲料公司“人”气大增,不仅较好地推广和宣传了宏图系列产品,而且也使宏图品牌达到了家喻户晓、妇孺皆知的战略目标,起到了理想的口碑相传的传播效果。

二、导读:媒介宣传

1. 媒介宣传的主要形式

常见的传播媒介包括电视、报纸、电台、杂志、户外和网络等,每种形式的媒介都有其优势和劣势,可根据具体情况选择适合的方式宣传产品(表 4-1)。

表 4-1　不同媒介比较

媒体形式	特点	优势	劣势	综合点评
电视	声音、颜色，图像具佳，广告首选	收视率高，记忆深刻，易形成品牌效应	费用太高	给商家增加了巨额费用，使之广告产品价格升高，给消费者生活带来了压力
报纸	图文并茂，发行量大，广告首选	收看率高，及时准确到位，提供了最新的信息	当天一日即逝，保留价值小	中等消费，大小商家尽现风采。（与该报的可信度，发行量有很大关系）
电台	声音传媒，信感温馨	费用低，消息传输快，感染力强	声音给人留下的印象比较浅	小众化市场
户外	图文并茂，气势宏大、记忆深刻	大品牌、大视野	与人流量，地势有关	影响城市建设，纵横交错，给人们生活带来不便，阻挡视线，有倒塌危险
杂志	图文并茂，便于收藏	广告生命力长	广告传播速度慢，信息不及时	与该杂志的知名度、发行量，实用有关
网络	声音、颜色、图文并茂 信息直观	传播快，信息量大，费用低，客户群大，客户范围广	会受黑客攻击和骚扰	是人们生活中不可缺少的，给商家、买家带来了前所未有的交易信息，为国家发展，企业发展，公司发展带来新的生命

2. 媒体的选择

无论是刚刚起步的饲料小企业还是国际知名的大企业，都会面临一个两难的选择——有限的市场推广资金和无限的广告选择。毕竟，你的顾客每天都看接触到几百个广告。从他们一起床，就会接触电视和收音机中的广告、早报、最喜欢的杂志和他们的邮箱及网页，户外展板和地铁广告。甚至连超市的蔬菜上都是广告，公司的标语，宣传册推销自己的产品。

这些洪水般的广告信息只会不断增加，这就让你我要好好想想应该如何让你的顾客了解，被你吸引。因为每个生意都不相同，所以每个人最好的答案也不相同。下面提出的是四个一般性问题，回答了这些，你就能找到适合的媒体。

问题 1：你的潜在顾客最先看什么？

那些知道自己要从哪里购买的人是你最好的潜在顾客。他们需要你提供的产品，处于所谓的"市场寻找走廊"。你的潜在顾客会使用搜索引擎吗？会使用大黄页吗？他们通过传统的杂志，还是报纸找到卖主呢？确定了解你的潜在顾客最先看什么来了解购买信息，然后就在那个地方做广告。

问题 2：你的潜在顾客接触最多的是哪种媒体？

我们每个人一天中都会接触到一些媒体。关键在于知道哪种媒体对你潜在的顾客有作用。找出他们看哪个频道的电视节目，看他们听哪个台的广播。如果你的顾客读报纸，就弄清楚他们都读什么报纸。如果你有一个 B2B 的潜在顾客，找出他们查找资料的出版物，你就可以采用媒介联合的方式和他们使用的媒介合作。

问题3:你的文章放在哪最容易让人记住？

成功的关键是将你的文章放在适当的位置上。事实上,你的潜在顾客接触到的媒介都不适合你做广告。那就在选择媒介时,找机会和你的潜在顾客交流,看看他们的想法。

例如,你的顾客可能通常都到饭店用餐,那就在那里张贴大海报。也许这样可以让你的顾客看到你的广告,但如果你的信息不适合,你就不能采用。你可以大胆尝试,在顾客常去的网站打广告,这时顾客就有了心理准备。所以这是一个好的选择。

问题4:你要一直使用这种方式吗?

要不断地重复,才能使你的广告起作用。当你选择广告方式的时候,选择几种媒介后,就要长期坚持。你可以选择你付得起的媒介经常做广告,不要选择价格高,你只能打几次广告的媒介。小而足够的广告是一种好的推广方式。等到你公司发展起来,你就能增加一些其他的媒介。

3. 媒介组合策略

(1)各媒介的组合搭配分析。报纸与广播搭配,可以使不同文化程度的消费者都能够接受到广告信息;电视与广播搭配,可以使城市和乡村的消费者都接受到广告信息;报纸或电视与售点广告搭配,常常有利于提醒消费者购买已经有了感知信息的商品;报纸与电视的搭配运用,可以在报纸广告对商品进行了详细解释之后再以电视开展广告攻势,产生强力推销的效果;报纸与杂志的搭配,可以用报纸广告做强力推销,而用杂志广告来稳定市场,或以报纸广告固定市场,以杂志广告拓宽市场;报纸或电视与直邮广告搭配,以直邮广告为先导,做试探性宣传,然后以报纸或电视开展强力推销广告,也可能取得比较显著的成效;直邮广告和售点广告或招贴广告的配合,在对某一特定地区进行广告宣传时,能够起到巩固和发展市场的作用;路牌广告与其他广告形式的搭配等。

(2)媒介时机分析。当确定了选择哪几种媒介如何组合之后,随后的问题就是如何把握广告的时机,即何时和多时发布广告的效果最为明显。在电台和电视台确定后,要选择好一定的广告时段,尤其是广告黄金时段。

季节性时机:许多商品存在着明显的季节性,在广告发放上就必须加以考虑。比如,在秋末大做电扇广告或空调广告,充其量只能增加产品的知名度。

时间分配:这主要指在限定时间内使用媒介的频率(少量、适中、大量)以及广告量在较长时期内的分布(持续式、间隔式),这应该和企业的总体营销策略相联系。当产品在市场上已经有了较高的知名度,可以选择间隔式广告。广告此时所起的作用是“提醒”。在开拓市场时,就必须采用高频率的方式,才能使产品品牌印象迅速建立起来。从产品生命周期来看,导入期广告,广告应适当集中;成长期广告,广告可适当减少,以充分利用已有的知名度,激烈竞争的成熟期,成熟期广告的广告量又应适当回升。

由此可见,何时发布广告,效果是不同的。在相等量的时间里,选择不同量的广告宣传,效果也会不同。对于企业来讲,先进入市场的广告无疑能够占先声夺人、先入为主之利,但如果能把握时机,后来者也可以后发制人、后来居上。企业可以根据自己具体情况,去选择不同的广。

◆练习题

1. 你认为什么样的广告形式,才能真正有效的传递到城乡结合部的养殖户?为什么?

2. 查找资料,从本省找两家饲料企业,分析其媒体宣传形式与策略。

任务四　分析产品线

一、能力训练

1. 唐人神的产品策略如果失败,问题会出现在什么地方?

2. 你是否认同唐人神的产品策略,为什么?

3. 用图形描绘唐人神的产品策略。

◆案例

唐人神集团调整产品策略

唐人神集团是一家中外合资的股份制企业,也是国家农业产业化的重点龙头企业。在公司二次创业阶段,公司的拳头产业——饲料产业面临激烈的市场竞争和低迷的市场行情,为确保公司持久发展的核心竞争力,扩大市场占有率,公司必须对原有的营销战略进行不断创新和完善,以求更好的发展。

经过认真调研,他们认为存在的主要问题是:

(1)省内市场和省外市场发展极不平衡,省外市场仍有很大的发展潜力,要在保持省内市场高占有率的前提下,把工作重心向外省转移。

(2)产品结构不合理,禽料占的比重相对较大,浓乳料比重偏小。

(3)产品的更新换代速度较慢,对于部分已处于衰退期的产品还未开发出新产品进行替换。

(4)市场上产品同质化严重,需要进行市场细分。

认识到危机后,公司营销部认为其主打产品"骆驼"牌饲料一直坚持"忽视质量就是自杀和犯罪"的质量观,严把质量关,特别是"金骆驼"和"骆驼王"产品面市以来,深受用户好评。但随着竞争的加剧,用户对公司的产品提出了更高的要求,必须改变原有的产品策略,以适应市场的变化。应对措施如下:

(1)系列产品开发策略:开发系列产品,包括猪、禽料、鱼料及特种养殖饲料,以满足不同市场和用户的需要。

(2)老产品的更新换代策略:对原有老产品,如LT-811、LT-812等老产品,或不断优化配方,或推出新产品,更换老产品。

(3)多品种开发策略:在原有"骆驼"的基础上,开发"湘大"、"世纪"、"爱迪"等系列产品以满足市场销售的需要。

(4)个性化产品开发战略:根据用户的不同需求,以满足不同用户的需要,应开发出个性化的产品,如乳猪教槽料、乳猪浓缩料等;丰富产品规格,如40 kg包装、20 kg包装、5 kg包装等。

二、导读：产品组合

1. 产品组合

产品组合，也称产品的各色品种集合，是指一个企业生产或经营的全部产品线、产品项目的组合方式，它包括四个变数：产品组合的宽度、产品组合的长度、产品组合的深度和产品组合的一致性。

产品组合的宽度指拥有的产品线数目。产品线的长度是指每一条产品线内的产品品目数称为该产品线的长度，当然如果一个公司具有多条产品线，公司可以将所有产品线的长度加起来，得到公司产品组合的总长度，除以宽度则可以得到公司平均产品线长度。产品组合的深度是指每一生产产品目内的品种数称为产品组合的深度，如某品牌牙膏具有多种口味与香型，这些就构成了该牙膏的深度。产品线的相关度是指不同的产品线在性能、用途、渠道等方面可能有某种程度的关联，这叫相关度。

产品组合的四个因素和促进销售、增加利润都有密切的关系。一般来说，拓宽、增加产品线有利于发挥企业的潜力、开拓新的市场；延长或加深产品线可以适合更多的特殊需要；加强产品线之间的一致性，可以增强企业的市场地位，发挥和提高企业在有关专业上的能力。

同时，企业在进行产品组合时，涉及三个层次的问题需要做出抉择，是否增加、修改或剔除产品项目；是否扩展、填充和删除产品线；哪些产品线需要增设、加强、简化或淘汰——以此来确定最佳的产品组合。三个层次问题的抉择应该遵循既有利于促进销售、又有利于增加企业的总利润这个基本原则。

2. 产品组合的评价指标

饲料公司要通过设置和选择适宜的评价指标来分析评价产品组合，判别其是否能够进一步优化。从市场营销的角度出发，优化产品组合通常按产品销售增长率、市场占有率、利润率等几个主要指标来进行分析。

(1)产品的销售增长率：该指标反映了企业的产品在市场上的发展前景。销售增长率高，说明该产品在市场上有良好的发展前景；反之，说明该产品的市场前景不容乐观。

(2)产品的市场占有率：该指标综合地反映了企业产品在市场上所具有的实力。表明了该企业在同行业中的竞争地位。

(3)利润率：该指标综合地反映了饲料公司投入与产出的关系，反映出企业经济效益的状况。

企业在对产品组合进行分析和评价时，应综合运用上述三个指标全面加以考核。最优的产品组合必须是各种产品的三项指标值都较高，或者是三项指标都较高的产品项目较多，以此来确定是否达到了最优的组合。

因此企业所能要求的最佳产品组合，必然包括：目前虽不能获利但有良好发展前途、预期成为未来主要产品的新产品；目前已达到高利润率、高增长率和高占有率的主要产品；目前虽仍有较高利润率而销售成长率已趋降低的维持性产品；以及已决定淘汰、逐步收缩其投资以减少企业损失的衰退产品。

3. 产品组合的策略类型

根据以上产品线分析，针对市场的变化，调整现有产品结构，从而寻求和保持产品结构最优化，这就是产品组合策略，其中包括如下策略：

(1)产品线扩展策略。产品线扩展是指企业把产品线延长而超出原有范围。促使产品线延长的因素很多，包括企业生产能力过剩，推销人员和分销商希望以更为全面的产品线去满足顾客的需求，企业希望开拓新市场而谋求更高的销售量和利润等。产品线扩展策略有三种形式。

向上扩展：有些企业的产品线原来只定位于低档产品，由于希望发展各档产品齐全的完全产品线，或者是受到高档产品较高的利润率和销售增长的吸引，企业会采取产品线向上扩展的决策，准备进入高档产品市场。

向上扩展可能存在一些风险：那些生产高档产品的竞争者会不惜一切坚守阵地，并可能会反戈一击，向下扩展进攻低档产品市场；对于一直生产低档产品的企业，顾客往往会怀疑其高档产品的质量水平；企业的营销人员和分销商如果缺乏培训和才干，可能不能胜任为高档产品市场服务。

向下扩展：那些生产高档产品的企业，可能决定生产低档产品，也即将产品线向下扩展。

企业向下扩展的理由可能有四种：一是企业在高档产品市场上受到强大攻击，因而以拓展低档产品市场来反戈一击；二是企业发现高档产品市场增长缓慢而不得不去开拓低档产品市场；三是企业最初进入高档产品市场是为了树立优质形象，目标达成后，向下扩展可以扩大产品市场范围；四是企业为填补市场空缺而增加低档产品命种，以防竞争者乘虚而入。

企业采取向下扩展的策略，也会有一些风险：企业新增的低档产品品种可能会损害到高档产品品种的销售，危及企业的质量形象，所以企业最好对新增低档产品用新的品牌以保护原有的名牌产品；可能会刺激原来生产低档产品的企业转入高档产品市场而加剧竞争；经销商可能因低档产品获利微薄及有损原有形象而不愿意或没有能力经营低档产品。从而企业不得不另建分销网，增加许多销售费用。

双向扩展：生产中档产品的企业在市场上可能会同时向产品线的上下两个方向扩展。

(2)产品线填充策略。产品线填充策略是在现有产品线的经营范围内增加新的产品品种，从而延长产品线，所以同产品线扩展是有区别的。

采取这一策略的动机主要有：增加盈利；充分利用过剩的生产能力；满足经销商增加产品品种以增加销售的要求；阻止竞争者利用市场空隙而进入；企图成为领先的完全产品线的企业。产品线的填充要避免导致新旧产品的自相残杀和在消费者中造成混乱，为此，企业要使新增品种具有显著的差异，使顾客能够区分清楚。企业还应该调查新增品种是否适合市场需要，而不可仅仅为了满足企业自身填补空隙或形成完全产品线的需要。

(3)产品线现代化策略。有的企业，其产品线长度是适当的，但其产品多年以来一直是老面孔，所以必须使产品线现代化，以防被产品线较为新式的竞争对手所击败。产品线现代化，要考虑是采取渐进式，还是一步到位。渐进式，即逐步实现现代化。

它的优点在于：①可以使企业在全面改进产品线之前，观察和了解消费者和经销商对新式产品的喜爱情况；②可以使企业耗费较少的资金。

它的主要缺点在于：易被竞争对手察觉到企业的行动，而采取类似的行动，也推出新式产品。

(4)产品线号召策略。企业可以在产品线中有目的地选择一个或少数几个产品品种进行特别号召，一般有以下三种情形：

①对产品线上低档产品品种进行特别号召，使之成为“开拓销路的廉价品”，以此吸引顾客。一旦顾客登门，推销员就会想方设法地影响并鼓动消费者购买高档产品。②对优质高档

产品品种进行号召，以提高产品线的等级。如某公司的一种猪预混料销售价高达 8 000 元，无人问津，但这种帽子起到了“旗舰”的作用，提高了整条产品线的地位。③当企业发现产品线上有一端销售形势良好，而另一端却有问题时，可以对营销较慢的那一端大力号召，以努力促进市场对营销较慢的产品的需求。

(5)产品线削减策略。产品线常常被延长，而增加新品种会使设计费、工程费、仓储费、促销费等费用相应上升，可能会使企业出现资金短缺和生产能力的不足。于是，管理当局就会对产品线的盈利能力进行研究分析，从中可能发现大量亏损的产品品种，为了提高产品线的盈利能力，会将这些产品品种从产品线上削减掉。在企业中，这种产品线先延长而后被削减的模式将会重复多次。

4. 产品组合的动态平衡

由于市场需求和竞争形势的变化，产品组合中的每个项目，必然会在变化的市场环境下发生分化，一部分产品获得较快的成长，取得较高的利润，另有一部分产品则趋于衰落。企业如果不重视新产品的开发和衰退产品的剔除，则必将逐渐出现不健全的、不平衡的产品组合。

为此，企业需要经常分析产品组合中各个产品项目或产品线的销售成长率、利润率和市场占有率，判断各产品项目或产品线销售成长上的潜力或发展趋势，以确定企业资金的运用方向，做出开发新产品和剔除衰退产品的决策，以调整其产品组合。

所以，所谓产品组合的动态平衡是指企业根据市场环境和资源条件变动的前景，适时增加应开发的新产品和淘汰应退出的衰退产品，从而随着时间的推移，企业仍能维持住最大利润的产品组合。可见，及时调整产品组合是保持产品组合动态平衡的条件。动态平衡的产品组合亦称最佳产品组合。

产品组合的动态平衡，实际上是产品组合动态优化的问题，只能通过不断开发新产品和淘汰衰退产品来实现。产品组合动态平衡的形成需要综合性地研究企业资源和市场环境可能发生的变化，各产品项目或产品线的成长率、利润率、市场占有率将会发生的变化，以及这些变化对企业总利润率所起的影响。对一个产品项目或产品线众多的企业来说这是一个非常复杂的问题，目前系统分析方法和电子计算机的应用，已为解决产品组合最佳化问题提供了良好的前景。

◆练习题

1. 查询资料，从湖北省找出 2 家饲料公司，说明其产品组合的特点。
2. 产品组合的优势有哪些？你认为案例中的“骆驼”牌饲料应该如何进一步改进？

任务五　拟定产品价格

一、能力训练

1. 阅读案例，指出 A 饲料公司面临困境的可能原因。
2. 阅读案例，指出营销总监不同的决策可能带来的后果。
3. 你认为应该怎样定价，依据是什么？

◆案例

饲料公司新任营销总监的苦恼

湖北A饲料企业在进入饲料行业初期，由于产品单一，无品牌影响力，在主推4%特效仔猪复合预混料上市之初，采取的是25 kg/包，产品供货价120元/包，终端零售价130元/包。产品销售量每月不足300吨，企业处于无利甚至亏损状态。

新上任的营销总监急于改变现状，因而对产品规格进行了调整，每包由25 kg/包改为23 kg/包。然而在确定产品供货价时，各方面意见不一致，有的主张仍采取原来的每包120元，有些主张110元/包，有些主张108元/包，有些主张105元/包，为此新上任的营销总监陷于矛盾之中，如果采取原来的120元价位则会盈利，但产品销售量还是极低，况且当时企业主要面临着生存和销售急需上升的问题，如果采取定价在105～110元之间的策略，则卖的越多，亏损越大。因而营销总监一直犹豫不决。

二、导读：价格策略

价格策略是指企业通过对顾客需求的估量和成本分析，选择一种能吸引顾客、实现市场营销组合的策略。它形成的动因是十九世纪末大规模零售业的发展。在历史上，在多数情况下，价格是作为买者作出选择的主要决定因素在起作用，在最近的十年里，在买者选择行为中非价格因素已经相对地变得更重要了。但是，价格仍是决定公司市场份额和盈利率的最重要因素之一。在营销组合中，价格是唯一能产生收入的因素，其他因素表现为成本。

厂商面对卖者的三种主要的定价决策问题是：对第一次销售的产品如何定价；怎样随时间和空间的转移修定一个产品的价格以适应各种环境和机会的需要；怎样调整价格和怎样对竞争者的价格调整作出反应。

1. 产品定价应考虑的因素

(1)产品的定性问题。要考虑的核心问题是，该产品在企业的产品群中承担什么样的角色，是走量产品还是利润产品？是形象产品还是补短产品。

如果是走量产品，因为要承担销售量和市场占有率，则不宜价格过高，可选取成本定价法或随行就市定价的方法。如果是利润产品，则要承担企业利润的来源，价高相应要高，可采取撇脂定价法或利润成本定价法。如果是形象产品承担企业品牌形象的提升价格也会高，也可采取撇脂定价法。如果只是一个补短产品承担企业丰富品项的使命，则可考虑市场大小，采取不同定价方法。如果几者结合则要综合考虑孰轻孰重，哪个主哪个次来定价。

(2)目标消费群的定位。你的新产品是哪一个人群使用，是儿童、老人、男士、女性，还是用于家庭消费，团体消费，还是华型消费，普通消费，一般来讲用于儿童、女性、团体消费或华型消费的产品价格都相应高，企业采用多是高价位，反之亦然。

(3)渠道的选择问题。每一个产品的销售都要经过销售这个环节渠道，走到消费者手中实现销售，因而企业对一个新产品的渠道选择也决定其价格高低，如果选择传统零售渠道，网格渠道，根据渠道特性价格高低均不一样。

(4)产品的策略问题。一个企业的产品策略是战术型还是战略性，也直接影响产品的价格制定，如果该新产品只是一个战术性产品，企业追求一时利润或销量产品，价格就会"先高后低或高开低走"而作为战略性产品，企业在产品价格上就会进行充分设计，充分考虑多种综合因素来定价。

(5)产品的特性问题。作为一个新产品其特性是独创性、跟风型还是替代型，定价方式也会有不同，如果是独创性可表现在产品包装、产品功能，产品概念上的独创则可采取高价位，如撇脂定价策略或成本定价法，而如果产品是替代型或跟风型则就需要根据企业目标来灵活定价。

(6)产品的价格需求弹性问题。不同行业的不同产品，其价格需求弹性差异不同，产品定价方向也不同，一般对于价格需求弹性大的产品定价时会走低，而价格需求弹性小的产品则会走高价，毕竟价格对销售影响不大，多赚一分是一分。

(7)行业发展阶段问题。一个新产品其产生在行业生命周期的不同，企业对产品定价也会有不同。对处于成熟期的行业来说价格透明度高，随行就市定价是主要选择，而对于处于行业成长期、发展期的产品来说采取高价位来定价也是必然，对处于行业衰退期来讲各种可能都会存在。

(8)市场环境状况。此点与行业发展阶段有很大关系，同属一类型问题，但新产品定价企业需考虑：①竞争者状况；②整体消费水平；③消费习性；④市场规模和容量；⑤市场发展趋势。五个因素来对新产品进行综合评价制定价格。

(9)企业自身状况。每个企业规模不同、财务状况不同、经销指标不同，企业价值取向有所不同，对于追求利润型企业，高价格是企业主要选择定价方向，而对于追市场份额的企业来讲，中、低价格定位是企业定价方向，同时根据企业自身状况需考虑品牌、市场地位、推广费用、渠道建设情况、产品包装、产品规格等，这几个综合因素来制定价格。

以上是企业新产品的定价牵涉到的各方面，在这里罗列出九个考虑问题，也是任何一个企业给予新产品定价的考虑点，并大致提出定价的方向，在具体的实践中，考虑方面会有取舍，但给企业新产品一个合适的价格是每个企业追求的目标，做到合适很难，但着眼于细节因素的综合分析，至少少了许多遗憾。

2. 制定基本价格

在第一次制定价格时，企业要考虑以下因素：定价目标、确定需求、估计成本、选择定价方法、选定最终价格。

(1)定价目标。以满足市场需要和实现企业盈利为基础的，它是实现企业经营总目标的保证和手段。同时，又是企业定价策略和定价方法的依据。

(2)确定需求。价格会影响市场需求。在正常情况下，市场需求会按照与价格相反的方向变动。价格上升，需求减少；价格降低，需求增加。企业定价时必须依据需求的价格弹性，即了解市场需求对价格变动的反应。价格变动对需求影响小，这种情况称为需求无弹性；价格变动对需求影响大，则叫做需求有弹性。

在以下条件下，需求可能缺乏弹性：代用品很少或没有，没有竞争者；买者对价格不敏感；买者改变购买习惯较慢和寻找较低价格时表现迟缓；买者认为产品质量有所提高，或认为存在通货膨胀等，价格较高是应该的。如果某产品不具备上述条件，那么产品的需求有弹性，在这种情况下，企业应采取适当降价，以刺激需求，促进销售，增加销售收入。

(3)估计成本。需求在很大程度上为企业确定了一个最高价格限度，而成本则决定着价格的底数。价格应包括所有生产、分销和推销该产品的成本，还包括对公司的努力和承担风险的一个公允的报酬。成本类型包括固定成本和可变成本。

固定成本,在短期内不随企业产量和销售收入的变化而变化的生产费用。如:厂房设备的折旧费、租金、利息、行政人员薪金等。与企业的生产水平无关。

可变成本,随生产水平的变化而直接变化的成本。如:原材料费、工资等,企业不开工生产,可变成本等于零。

(4)选择定价方法。定价方法,是企业在特定的定价目标指导下,依据对成本、需求及竞争等状况的研究,运用价格决策理论,对产品价格进行计算的具体方法。

定价方法主要包括成本导向、竞争导向和顾客导向三种类型。

①成本导向定价:成本导向定价是以产品单位成本为基本依据,再加上预期利润来确定价格的成本导向定价法,是中外企业最常用、最基本的定价方法。成本导向定价法又衍生出了总成本加成定价法、目标收益定价法、边际成本定价法、盈亏平衡定价法等几种具体的定价方法。

总成本加成定价法:在这种定价方法下,把所有为生产某种产品而发生的耗费均计入成本的范围,计算单位产品的变动成本,合理分摊相应的固定成本,再按一定的目标利润率来决定价格。

目标收益定价法:目标收益定价法又称投资收益率定价法,是根据企业的投资总额、预期销量和投资回收期等因素来确定价格。

边际成本定价法:边际成本是指每增加或减少单位产品所引起的总成本变化量。由于边际成本与变动成本比较接近,而变动成本的计算更容易一些,所以在定价实务中多用变动成本替代边际成本,而将边际成本定价法称为变动成本定价法。

盈亏平衡定价法:在销量既定的条件下,企业产品的价格必须达到一定的水平才能做到盈亏平衡、收支相抵。既定的销量就称为盈亏平衡点,这种制定价格的方法就称为盈亏平衡定价法。科学地预测销量和已知固定成本、变动成本是盈亏平衡定价的前提。

②竞争导向定价:竞争导向定价是在竞争十分激烈的市场上,企业通过研究竞争对手的生产条件、服务状况、价格水平等因素,依据自身的竞争实力,参考成本和供求状况来确定商品价格。这种定价方法就是通常所说的竞争导向定价法。竞争导向定价主要包括:

随行就市定价法:在垄断竞争和完全竞争的市场结构条件下,任何一家企业都无法凭借自己的实力在市场上取得绝对的优势,为了避免竞争特别是价格竞争带来的损失,大多数企业都采用随行就市定价法,即将本企业某产品价格保持在市场平均价格水平上,利用这样的价格来获得平均报酬。此外,采用随行就市定价法,企业就不必去全面了解消费者对不同价差的反应,也不会引起价格波动。

产品差别定价法:产品差别定价法是指企业通过不同营销努力,使同种同质的产品在消费者心目中树立起不同的产品形象,进而根据自身特点,选取低于或高于竞争者的价格作为本企业产品价格。因此,产品差别定价法是一种进攻性的定价方法。

密封投标定价法:在国内外,许多大宗商品、原材料、成套设备和建筑工程项目的买卖和承包以及出售小型企业等,往往采用发包人招标、承包人投标的方式来选择承包者,确定最终承包价格。一般来说,招标方只有一个,处于相对垄断地位,而投标方有多个,处于相互竞争地位。标的物的价格由参与投标的各个企业在相互独立的条件下来确定。在买方招标的所有投标者中,报价最低的投标者通常中标,它的报价就是承包价格。这样一种竞争性的定价方法就称密封投标定价法。

③顾客导向定价:顾客导向定价是现代市场营销观念要求企业的一切生产经营必须以消费者需求为中心,并在产品、价格、分销和促销等方面予以充分体现。根据市场需求状况和消费者对产品的感觉差异来确定价格的方法叫做顾客导向定价法,又称"市场导向定价法"、"需求导向定价法"。主要包括理解价值定价法、需求差异定价法和逆向定价法。

理解价值定价法:所谓"理解价值",是指消费者对某种商品价值的主观评判。理解价值定价法是指企业以消费者对商品价值的理解度为定价依据,运用各种营销策略和手段,影响消费者对商品价值的认知,形成对企业有利的价值观念,再根据商品在消费者心目中的价值来制定价格。

需求差异定价法:所谓需求差异定价法,是指产品价格的确定以需求为依据,首先强调适应消费者需求的不同特性,而将成本补偿放在次要的地位。这种定价方法,对同一商品在同一市场上制订两个或两个以上的价格,或使不同商品价格之间的差额大于其成本之间的差额。其好处是可以使企业定价最大限度地符合市场需求,促进商品销售,有利于企业获取最佳的经济效益。

逆向定价法:这种定价方法主要不是考虑产品成本,而重点考虑需求状况。依据消费者能够接受的最终销售价格,逆向推算出中间商的批发价和生产企业的出厂价格。逆向定价法的特点是:价格能反映市场需求情况,有利于加强与中间商的良好关系,保证中间商的正常利润,使产品迅速向市场渗透,并可根据市场供求情况及时调整,定价比较灵活。

企业定价方法很多,企业应根据不同经营战略和价格策略、不同市场环境和经济发展状况等,选择不同的定价方法。

①成本导向定价法是一种卖方定价导向。它忽视了市场需求、竞争和价格水平的变化,有时候与定价目标相脱节。此外,运用这一方法制定的价格均是建立在对销量主观预测的基础上,从而降低了价格制定的科学性。因此,在采用成本导向定价法时,还需要充分考虑需求和竞争状况,来确定最终的市场价格。

②竞争导向定价法是以竞争者的价格为导向的。它的特点是:价格与商品成本和需求不发生直接关系;商品成本或市场需求变化了,但竞争者的价格未变,就应维持原价;反之,虽然成本或需求都没有变动,但竞争者的价格变动了,则相应地调整其商品价格。当然,为实现企业的定价目标和总体经营战略目标,谋求企业的生存和发展,企业可以在其他营销手段的配合下,将价格定得高于或低于竞争者的价格,并不一定要求和竞争对手的产品价格完全保持一致。

③顾客导向定价法是以市场需求为导向的定价方法。价格随市场需求的变化而变化,不与成本因素发生直接关系,符合现代市场营销观念要求,企业的一切生产经营以消费者需求为中心。

(5)选定最终价格。企业最后拟定的价格必须考虑以下因素:

①最后价格必须同企业定价政策相符合。企业的定价政策是指:明确企业需要的定价形象、对价格折扣的态度以及对竞争者的价格的指导思想。②最后价格必须考虑是否符合政府有关部门的政策和法令的规定。③最后价格要考虑消费者的心理。利用消费者心理,采取声望定价,把实际上价值不大的商品的价格定得很高(如把实际上值20元的香水定为500元),或者采用奇数定价(把一台电视机的价格定为1 999元),以促进销售。④选定最后价格时,还须考虑企业内部有关人员(如推销人员、广告人员等)对定价的意见,考虑经销商、供应商等对

所定价格的意见,考虑竞争对手对所定价格的反应。

3. 修改基本价格

价格是企业竞争的主要手段之一,企业除了根据不同的定价目标,选择不同的定价方法,还要根据复杂的市场情况,采用灵活多变的方式确定产品的价格。

(1)新产品定价。

①有专利保护的新产品的定价。有专利保护的新产品可采用撇脂定价法和渗透定价法。

撇脂定价法:新产品上市之初,将价格定得较高,在短期内获取厚利,尽快收回投资。就像从牛奶中撇取所含的奶油一样,取其精华,称之为“撇脂定价法”。

这种方法适合需求弹性较小的细分市场,其优点:新产品上市,顾客对其无理性认识,利用较高价格可以提高身价,适应顾客求新心理,有助于开拓市场;主动性大,产品进入成熟期后,价格可分阶段逐步下降,有利于吸引新的购买者;价格高,限制需求量过于迅速增加,使其与生产能力相适应。缺点是:获利大,不利于扩大市场,并很快招来竞争者,会迫使价格下降,好景不长。

渗透定价法:在新产品投放市场时,价格定的尽可能低一些,其目的是获得最高销售量和最大市场占有率。

当新产品没有显著特色,竞争激烈,需求弹性较大时宜采用渗透定价法。其优点:产品能迅速为市场所接受,打开销路,增加产量,使成本随生产发展而下降;低价薄利,使竞争者望而却步,减缓竞争,获得一定市场优势。

对于企业来说,采取撇脂定价还是渗透定价,需要综合考虑市场需求、竞争、供给、市场潜力、价格弹性、产品特性、企业发展战略等因素。

②仿制品的定价。仿制品是企业模仿国内外市场上的畅销货而生产出的新产品。仿制品面临着产品定位问题,就新产品质量和价格而言,有 9 种可供选择的战略:优质优价、优质中价、优质低价、中质高价、中质中价、中质低价、低质高价、低质中价、低质低价。

(2)心理定价。心理定价是根据消费者的消费心理定价,有以下几种:

①尾数定价或整数定价。许多商品的价格,宁可定为 0.98 元或 0.99 元,而不定为 1 元,是适应消费者购买心理的一种取舍,尾数定价使消费者产生一种“价廉”的错觉,比定为 1 元反应积极,促进销售。相反,有的商品不定价为 9.8 元,而定为 10 元,同样使消费者产生一种错觉,迎合消费者“便宜无好货,好货不便宜”的心理。

②声望性定价。此种定价法有两个目的:一是提高产品的形象,以价格说明其名贵名优;二是满足购买者的地位欲望,适应购买者的消费心理。

③习惯性定价。某种商品,由于同类产品多,在市场上形成了一种习惯价格,个别生产者难于改变,降价易引起消费者对品质的怀疑,涨价则可能受到消费者的抵制。

(3)折扣定价。大多数企业通常都酌情调整其基本价格,以鼓励顾客及早付清货款、大量购买或增加淡季购买。这种价格调整叫做价格折扣和折扣。

①现金折扣。是对及时付清账款的购买者的一种价格折扣。例如“2/10 净 30”,表示付款期是 30 天,如果在成交后 10 天内付款,给予 2%的现金折扣。许多行业习惯采用此法以加速资金周转,减少收账费用和坏账。

②数量折扣。是企业给那些大量购买某种产品的顾客的一种折扣,以鼓励顾客购买更多的货物。大量购买能使企业降低生产、销售等环节的成本费用。例如:顾客购买某种商品 100

单位以下,每单位10元;购买100单位以上,每单位9元。

③职能折扣。也叫贸易折扣,是制造商给予中间商的一种额外折扣,使中间商可以获得低于目录价格的价格。

④季节折扣。是企业鼓励顾客淡季购买的一种减让,使企业的生产和销售一年四季能保持相对稳定。

⑤推广津贴。为扩大产品销路,生产企业向中间商提供促销津贴。如零售商为企业产品刊登广告或设立橱窗,生产企业除负担部分广告费外,还在产品价格上给予一定优惠。

(4)歧视定价。企业往往根据不同顾客、不同时间和场所来调整产品价格,实行差别定价,即对同一产品或劳务定出两种或多种价格,但这种差别不反映成本的变化。主要有以下几种形式。

①对不同顾客群定不同的价格。

②不同的花色品种、式样定不同的价格。

③不同的地区定不同的价格。

④不同时间定不同的价格。

实行歧视定价的前提条件是:市场必须是可细分的且各个细分市场的需求强度是不同的;商品不可转手倒卖;高价市场上不可有竞争者削价竞销;不违法;不引起顾客反感。

4. 竞争性调价

企业在产品价格确定后,由于客观环境和市场情况的变化,往往会对价格进行修改和调整。

(1)主动调整价格。

①降价。企业生产能力过剩、产量过多,库存积压严重,市场供过于求,企业以降价来刺激市场需求;面对竞争者的"削价战",企业不降价将会失去顾客或减少市场份额;生产成本下降,科技进步,劳动生产率不断提高,生产成本逐步下降,其市场价格也应下降。

②提价。提价一般会遭到消费者和经销商反对,但在许多情况下不得不提高价格:通货膨胀时,物价普遍上涨,企业生产成本必然增加,为保证利润,不得不提价。产品供不应求时,一方面买方之间展开激烈竞争,争夺货源,为企业创造有利条件;另一方面也可以抑制需求过快增长,保持供求平衡。

(2)购买者对调价的反应。顾客对降价可能有以下看法:产品样式老了,将被新产品代替;产品有缺点,销售不畅;企业财务困难,难以继续经营;价格还要进一步下跌;产品质量下降了。

顾客对提价的可能反应:产品很畅销,不赶快买就买不到了;产品很有价值;卖主想赚取更多利润。

购买者对价值不同的产品价格的反应也有所不同,对于价值高、经常购买的产品的价格变动较为敏感;而对于价值低、不经常购买的产品,即使单位价格提高,购买者也不大在意。此外,购买者通常更关心取得、使用和维修产品的总费用,因此卖方可以把产品的价格定得比竞争者高,取得较多利润。

(3)竞争者对调价的反应。竞争者对调价的反应有以下几种类型。

①相向式反应。你提价,他涨价;你降价他也降价。这样一致的行为,对企业影响不太大,不会导致严重后果。企业坚持合理营销策略,不会失掉市场和减少市场份额。

②逆向式反应。你提价，他降价或维持原价不变；你降价，他提价或维持原价不变。这种相互冲突的行为，影响很严重，竞争者的目的也十分清楚，就是乘机争夺市场。对此，企业要进行调查分析，首先摸清竞争者的具体目的，其次要估计竞争者的实力，再次要了解市场的竞争格局。

③交叉式反应。众多竞争者对企业调价反应不一，有相向的，有逆向的，有不变的，情况错综复杂。企业在不得不进行价格调整时应注意提高产品质量，加强广告宣传，保持分销渠道畅通等。

(4)企业对竞争者调价的反应。在同质产品市场，如果竞争者降价，企业必随之降价，否则企业会失去顾客。某一企业提价，其他企业随之提价(如果提价对整个行业有利)，但如有一个企业不提价，最先提价的企业和其他企业将不得不取消提价。

在异质产品市场，购买者不仅考虑产品价格高低，而且考虑质量、服务、可靠性等因素，如果购买者对较小价格差额无反应或不敏感，则企业对竞争者价格调整的反应有较多自由。

企业在作出反应时，首先必须分析：竞争者调价的目的是什么？调价是暂时的还是长期的？能否持久？企业面临竞争者应权衡得失：是否应作出反应？如何反应？另外还必须分析价格的需求弹性，产品成本和销售量之间的关系等复杂问题。

企业要作出迅速反应，最好事先制定反应程序(图 4-1)，按程序处理，提高反应的灵活性和有效性。

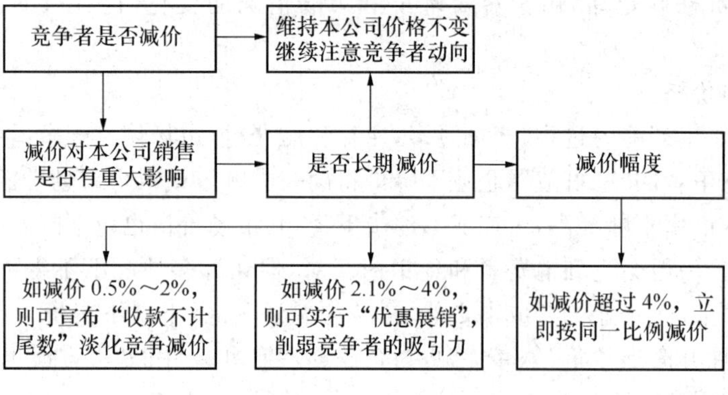

图 4-1　反应程序

5. 当前饲料价格竞争环境

(1)饲料产业由高速增长期步入平稳增长期。经过二十几年的快速发展，我国饲料工业取得了辉煌的成功。伴随着中国经济持续快速增长，城市中、高收入群体饮食结构的改变，拉动了畜禽产品需求规模的扩大，城市化进程的加快及国家有关政策的出台，促进了规模化养殖比例的提高。饲料企业本身在品种、质量、价格、成本、营销及服务等综合竞争能力的有效提升，推动了饲料市场销量的迅速增长。今后的消费趋势主要表现为产品结构的变化和质量的提高，而数量的增长会变得比较平缓。提高城市低收入群体的生活水平，增加农民收入，今后农村人口和城市低收入人口对畜禽及水产品消费需求的增加将成为饲料市场最主要的增长点，发展潜力和空间巨大。

(2)饲料企业已经开始进入整合提升期。最近两三年，饲料业的高利润直接带来两个结果：一是企业数量增加；二是大型、超大型企业横向一体化和纵向一体化的整合风起云涌。市场集中度快速提高，至 2010 年，全国饲料企业总数为 15 061 家，年产 10 万吨以上饲料企业 283 家，位居全国前 10 位的饲料企业集团饲料总产量达到 5 600 万吨，占全国总产量的 34%。但 2011—2012 年畜禽产品价格的连续走低，导致养殖利润的严重下滑，饲料行业发展速度将会下降，在微利经营的情况下，生产规模小、管理能力差的企业将是雪上加霜；而大企业将利用自身的品牌优势和资金优势，通过并购和新建厂完成自己的战略布局。

(3)饲料企业专业化运作程度会大大提高。

一方面，每一个公司都会力图从某一方面突破，通过投入更多的资源确定自己的优势领域。在竞争激烈的市场之中，要在多个领域齐头并进几乎是不可能的，只有聚焦才有可能实现突破，才能实现以点带面快速发展。

另一方面，更多的公司试图通过集中力量密集化运作抢占和巩固市场。市场的不断细分也迫使企业不得不在更为狭窄的领域内寻求领先。许多产品多元化的饲料企业正越来越多的感觉到产品失去生存能力，如果不把现有的仍有生命力的产品提高发展，而把精力投入到拯救濒临死亡的产品上，结果只能加速自己的衰退。越来越多的企业发现通过产品专业化和规模化能够大大降低成本和提高竞争力，专业化正在由被动行为变成主动行为。

(4)社会主义新农村建设，更多的企业将由单纯的横向扩张转变为在产业链内的纵向发展。产业链的纵向整合既是全世界饲料企业发展的基本趋势，也是我国许多大集团成功的经验。我国养殖业高度分散，养殖户技术和管理水平比较低，资金薄弱，抗风险能力差，畜禽产品销售网络不健全等诸多因素，使得养殖户对产业化运作有强烈的需求，产业化运作能够合理地分配利益，使养殖者的积极性得到充分的保护。而企业集团通过提供种苗、饲料、疫苗、兽药、科技指导并回收产品，再经过深加工成为优质食品，统一销售，从而获得了更多的利润和更加忠实的客户群体，企业更加具有竞争力。

(5)饲料产品质量不断提高，绿色安全将成为新的热点。激烈的市场竞争是产品质量提升的最大推动力，疫病的频繁发生，越来越威胁人们的生命安全。今后消费者将越来越关注食品安全，越来越重视身体健康，饲料产品的质量还会加快提高，生产绿色、安全、高品质产品的企业将获得更大的产品附加值、更多的市场机会及更宽阔的市场空间。

(6)企业之间的竞争由原来的诸如价格等的点式竞争，上升到整个产业链上的竞争。厂、商、户三者关系正在发生新的改变，厂商户关系由过去的买卖关系转变成为战略合作伙伴关系，他们由以往的一对一的简单竞争关系发展成为现在复杂的团队化竞争关系。这使他们由关注彼此之间的竞争，转变为思考如何通过协作共同打败竞争对手，实现共赢式的发展。

(7)品牌建设成为诸多企业的共识，品牌塑造已经融入到了优秀企业的日常经营活动之中。2006 年国家质量监督检验检疫总局主办并评选命名了饲料行业 16 个名牌产品：禽料产品 5 个(六和集团的“六和牌”禽料、诸城外贸公司的“虎牌”禽料、通威公司的“通威牌”禽料、诸城兴贸玉米开发公司的“兴贸牌”禽料、正大公司的“正大牌”禽料)；猪料产品 8 个(正虹公司的“正虹”牌猪料、新希望集团的“国雄”牌猪料、唐人神集团的“骆驼”牌猪料、岳泰集团的“岳泰”牌猪料、恒兴集团的“恒兴”牌猪料、双胞胎的“双胞胎牌”猪料、正邦集团的“正邦”牌猪料、正大公司的“正大”牌猪料)；饲料添加剂(饲料级赖氨酸)2 个(长春大成公司的“大成”牌赖氨酸、安徽丰原公司的“BBCA”牌赖氨酸)；除尘器类产品 1 个(牧羊集团的袋除尘器。)

6. 如何突破价格竞争

(1)对产品采取差异化策略。根据产品质量策略市场研究表明，不同的顾客群体具有不同的价格敏感度和质量敏感度。对于同质化的产品由于具有非常明确的可比性，价格高的产品往往处于劣势。而采取差异化策略对产品进行处理后，则可明显降低价格敏感度，减少因价格竞争所带来的不利影响。产品差异化处理可重点从下面几个方面来进行：

①产品外观、包装、材质、颜色、工艺的改变。这是最简单的一种方式，通过与原来产品的差异化处理，来突出产品与别类的不同。此策略适用于"三老"(老客户、老产品、老市场)市场，南昌国雄公司利用此策略成功开发江西金溪市场，使公司、经销商2006年销利双收，由于价格空间的作用，为2007年打下了坚实的基础。

②技术升级、技术创新或取得重大突破。这属于产品的更新换代，产品由内而外都与原来不同，从技术层面上对产品进行了提升。如沉水鱼料升级到浮水鱼料，猪料的后喷涂工艺等，产品进行了升级换代，价格自然不同。通过这种方式可以在价格竞争中有效地提升产品的正面影响，例如各公司当前推出了膨化乳猪料，江西双胞胎更是精谙此道。

③增加产品功能和附加值。或许这些功能的作用不是太大，但却能明显区别于竞争对手，从而减少因价格竞争带来的不利。如电热水器产品增加无线遥控功能，普通空调增加空气净化功能等。这样即使同类产品发起了价格战，由于自己的产品新增了功能，消费者对于企业产品的价格敏感度会明显降低。

(2)产品重新定位：此策略主要针对于产品无价值空间、无溢价能力、产品线过长、知名度高、美誉度差、整体员工士气不高的老公司或新建公司，南昌国雄2005年成功运用此策略走出困境。

(3)寻找边缘化市场，开发新产品。江西三利公司2006年开发具有专利的"鳙鱼"料，成功突破赣、湘、桂、粤、闽市场，可谓避开价格战，寻找边缘市场之典范。三利公司，江西赣南近几年成长起来的地方企业，年销量在4万吨左右，总经理朱开明(南昌希望曾经的客户)，近几年在畜禽料的拓展上有所斩获，2006年正式进军水产料市场。然而，三利公司并没有选择成熟的、打得如火如荼的池塘(水库)精养料，而是采取半放弃状态，直接开发大家都不重视甚至少有厂家问津的"鳙鱼"料，并以专利给产品树起一道防火墙，产品价格之高令同行羡慕，有利的避开了价格竞争，2006年7月公司单品就突破了1 000吨，并成为2007年江西水产市场的一匹黑马。

(4)明降暗升，规避价格战。公司宣布涨价，然后以更多的时间点上的促销来完成销售份额的增加和面上价格的回调。近几年通威及其他同行均成功运用此法。

(5)确立副品牌进行有效阻击。就饲料企业而言，不同的养殖习惯、模式对产品有不同的消费需求，经济发达程度不同的区域和资金实力不同的顾客具有不同的价格敏感度。为了扩大品牌的市场占有率，阻击竞争对手同时又不会因采用价格战而损害产品品牌形象，适时推出副品牌不失为一个很好的方法。如宝洁公司在国内洗衣粉市场的"碧浪"品牌，华虹电热水器推出的战斗机型"一键通"，都在其市场营销中起到了很好的作用，不但有效阻击了竞争对手，巩固了市场，而且进一步扩大了产品销量和品牌知名度。饲料行业正大前几年以各省著名景点为副品牌主打市场，目前通威的鱼水情都是采用此法。

(6)固守品牌定位，紧抓利润重心。当参与价格竞争的成本太高，企业实力和各方面条件不具备时，企业可以考虑以退为进的方法，固守品牌定位，紧抓利润这一根本。这一点国外企业做地非常不错。20世纪90年代初，韩国家电企业进入高增长时期，企业间曾出现过价格过度竞争，时称"出血竞争"。为争夺市场，韩国企业拼命降低利润，甚至用低于成本价销售。后来，精明的企业看到，“价格战”只能红火一时而绝不能辉煌一世，纷纷另辟蹊径。三星公司首先转向创立名牌，开发平面和直角大屏幕电视机，提高售后服务以及开拓国际市场的多管齐下策略，摆脱了“价格战”的困扰，保持了品牌定位，在价格竞争中取得突破，实现了企业发展的新跨越。

总之，要在价格竞争中取得突破，首先要充分了解竞争对手的能力、动机及策略，这样企业才能根据对手的价格竞争策略进行有效的反应；其次对顾客行为的研究，能使企业避免在价格竞争中处于不利的境地；最后企业在价格竞争中应对短期利益得失与长期战略进行权衡。

◈练习题

1. 假如你是一家大型饲料企业的营销总监，饲料质量有口皆碑，但是被众多小作坊式饲料企业挖墙脚，以降低质量换取低供货价，导致销售量大幅度降低，此时你会如何处理？

2. 查询资料，了解全国饲料行业的价格竞争环境，并进行演讲。

任务六 拟定产品销售渠道

一、能力训练

1. 阅读案例，用3～5个关键词总结A饲料公司的营销策略。
2. 发表意见：A饲料公司的营销取得成功，需要哪些条件？
3. 你如果是一名中间商，怎样阻击A饲料公司的产品营销？

◈案例

L牌饲料如何成为B省高档浓乳料第一品牌

A集团是一家大型饲料企业集团，以研发、生产、销售高档浓乳料为主，其高档浓乳料在行业中有很高的知名度和美誉度。A集团为了开拓B省的市场，决定在B省投资建厂，专推A集团的L品牌高档浓乳料。

A集团B省公司的总经理、营销副总驱车来到B省的乡镇市场，当向乡镇饲料经销商推广L品牌饲料时，发现高档浓乳料在B省并不好销，阻力主要有二：一是饲料经销商抱怨产品价格太高。市场上猪浓缩料的平均零售价为55元(20 kg)，而L品牌浓缩料的价格为80元(20 kg)，因而担心L品牌的高档浓乳料卖不出去；二是饲料经销商要求垫付，或者产品卖出去才结账，而A集团的现款现货结算政策显然无法满足饲料经销商的要求。

乡镇饲料经销商不愿意销售，怎么办？A集团B省公司的总经理、营销副总驱车深入到养殖户中，发现B省的养殖户主要以散养为主，存栏3～5头的比较多，而且他们的养殖方式落后，饲养周期比较长，肥猪一般7～8个月才能出栏。养殖户购买和使用的大部分均为低档浓乳料，产品价格很便宜。按正常的由县级经销商批发至乡镇级零售商，再由乡镇零售商将L品牌的高档浓乳料卖给农户去使用，这条路是行不通的，怎么办？

于是，A集团B省公司的高层决策：从终端村级市场开始做起，开发村级饲料零售商，并在目标村级市场寻找示范户，免费赠送饲料，要求示范户按A集团B省公司提供的饲养方案进行饲养，待饲养取得明显效果后，再将村子里面的养殖户召集起来，邀请公司的技术服务人员进行科学养猪知识的培训。通过一年的运作，A集团B省公司在B省的高档浓乳料销售从50吨/月、100吨/月、200吨/月，直线上升至2 500吨/月，一跃成为B省高档浓乳料第一品牌。

二、导读：销售渠道

销售渠道策略是营销组合的四个要素之一。实践表明，生产企业用不同的销售渠道销售同一种产品，其成本和利润往往相差甚远。因此，合理的制定销售渠道策略，并对其实施有效的管理，是企业市场营销的一项重要任务，也是企业所面临的最复杂，最富有挑战性的问题之一。

1. 销售渠道结构

(1)生产者→用户。指生产企业将生产的饲料产品直接出售给用户。

(2)生产者→经销商→用户。指生产企业通过经销商将其产品出售给用户。饲料经销商一般兼有批发和零售功能，是独立的批发或零售组织或个人，拥有产品所有权，赚取买进和卖出之间的价格差额或生产企业给予的回扣。

(3)生产者→代理商→经销商→用户。指生产企业经过代理商，再通过经销商将生产的产品出售给用户的一种销售渠道。代理商不拥有产品所有权，只是协助企业实现产品从企业到用户的所有权转移，以完成一定销量为条件，从中获得一定比例的代理报酬。

随着我国商品经济的发展，市场不断发育和健全，销售渠道结构也在不断发展和变化，不同的销售渠道结构对生产企业的产品销售具有不同的影响。饲料生产企业应有战略眼光，根据具体情况制定出适合自身企业发展的、经济合理且有效的销售渠道，从而创造出最佳的经济效益。

2. 销售渠道的基本类型

(1)直接销售渠道与间接销售渠道。根据生产者是否利用中间商销售自己的商品，分销渠道可分为直接渠道和间接渠道。

①直接销售渠道是一种简单的销售渠道，仅由生产者与用户两个结构因素组成。企业直接销售的方式很多，主要包括订购销售、生产厂家派推销员向用户推销或前店后厂设门市部销售等形式。目前一些饲料企业尤其是预混合饲料生产企业，因产品价值较高，数量相对较少，大都采取这种方式进行营销活动。

直接销售渠道由于是面对面的销售，因此生产者与用户之间能够直接传递和反馈信息。生产者能直接了解用户的需求、购买等特点及其变化趋势，了解产品、竞争对手的优势与劣势，了解营销宏观环境的变化，有利于按照用户的需要组织生产；生产者可以直接向用户介绍商品，有利于用户更好地掌握商品的性能、特点、使用方法等；同时，减少了中间商的介入，可降低产品流通过程中的损耗及成本费用，加快产品的流转速度。但直接销售渠道也存在一些弊端，主要是增加了生产企业的人力、物力，不利于中、小企业集中精力进行产品开发。

②间接销售渠道是一种需要经过中间商实现产品所有权转移的销售渠道。其结构较为复杂，主要包括代理商、经销商。主要的销售方式有厂店挂钩、特约经销，批发商和零售商直接从生产企业进货等。当前大多数兽药厂、生产配合饲料和浓缩饲料的企业采用这种方式将其产

品分销出去。

间接销售渠道的优点：

一是有助于产品的广泛分销。中间商在产品流转的始点同生产者相连，在其终点与用户相连，从而有利于调解生产者与用户在品种、数量、时间与空间等方面的矛盾，这既有利于满足生产厂家的目标客户的需求，也有利于生产者产品价值的实现。若能正确发挥中间商的作用，生产企业就有可能使其产品广泛分销。

二是可缓解生产者人、财、物等力量的不足。经销商付款购走了生产者的产品，使得生产者"提前"实现了产品的价值；同时经销商还常承担着销售过程中的仓储运输等费用，并在销售中承担其他方面的人力和物力，这就弥补了生产者的力量不足。

三是便于间接促销。用户往往比较数家货后才购买，而一位经销商通常经销众多厂家的同类产品，因此，中间商对同类商品的不同介绍或宣传，对产品的销售影响很大；另外，实力较强的经销商还能支付一定的广告宣传费用，且有一定的销售服务能力。这样，生产者只要能与中间商良好协作，就能在间接销售中促进产品的销售。

四是有利于企业之间的专业化协作。中间商介入产品的销售过程，将生产者从繁琐的销售业务中解脱出来，集中力量从事专业生产、技术研究和技术革新，从而提高了生产经营的效率。

但间接销售渠道也有其不足之处，主要是生产者与用户不能直接沟通信息，因此难以掌握用户对产品的意见以及竞争者产品的情况。另外，由于流通环节增加，会增加产品的流通费用及产品运销中的损耗，从而加重用户的负担。

(2)宽销售渠道和窄销售渠道。根据产品销售渠道的中间环节，即中间结构状况，划分为宽销售渠道和窄销售渠道。

①宽销售渠道指有两个以上中间商组成的销售渠道。这种销售渠道可使大批量产品生产者的产品能迅速转移到流通领域，使再生产顺利进行，并使产品通过中间商迅速达到销售渠道终点，满足用户需要。生产者还可以对中间商的工作效率进行综合评价，淘汰效率低的中间商，从而形成最佳的销售渠道，使产品得以迅速分销。在当前饲料、兽药市场竞争日益激烈，产品质量和价格水平已很难进一步吸引用户的情况下，如何开发用户的需求对生产者来讲最为重要，而提供更大的地点效用、时间效用和科教效用给用户无疑能进一步扩大有效需求。如饲料厂深入农村开辟饲料网点，选择养殖大户作为代销处，既增加了他们的收入，又宣传了产品，加宽了销售渠道，增强了厂家对市场的控制力。因此，宽销售渠道是大多数生产者采用的营销战略。

②窄销售渠道指销售渠道中仅有一个中间环节，即只有一个中间商的销售渠道。中间商独家经营产品，生产者与中间商关系密切，并存在很强的依附关系。两者通力合作，提高产品的竞争能力。如果两者之间关系发生变化，生产者的产品则会失去所占领的市场。

(3)长销售渠道和短销售渠道。根据销售渠道结构中环节的多少，划分长销售渠道和短销售渠道。

①长销售渠道指具有两个以上流通环节的销售渠道。由于产品流通环节较多，流通的职能主要由中间商承担，可使生产者集中精力开发，生产适销对路的优质产品，加速再生产过程的循环。但由于渠道较长，环节多，产品投入市场时间长，不利于在竞争中取得主动权。

②短销售渠道指只有一个流通环节的销售渠道。由于流通环节少，可缩短再生产周期，产

品不易变质、失效，有利于开展售后服务，流通费用减少，但生产者需投入大量的精力从事产品的销售工作，不利于集中力量组织产品的生产与开发。

3. 销售渠道策略

不同的销售渠道有不同的特点。在市场经济条件下，如果企业根据自身条件(如声誉、服务功能、管理能力等)，市场状况(如范围大小、客户情况、竞争性等)和产品特点，需要在目标市场上通过中间商将产品销售出去，这就需要考虑选择哪种销售渠道策略。一般有 4 种可供选择的销售渠道策略：

(1)密集性销售渠道策略。又称为普遍性销售渠道策略。指在某一地区尽可能用较多的中间商分销，以便及时满足广大客户需求的一种策略。采取这种策略应保持给各中间商的批发价一致，且该地区有较大的市场销量。

(2)独家专营销售渠道策略。指在一定地区只选定一家中间商经销或代理，实行独家经营的一种策略。被选中的中间商，不能再代销其他竞争企业的同类产品，企业应与中间商签订合同。这种策略能有效地调动中间商的积极性，提高产品的销售效率，更好地为客户服务。还可防止竞争者的同类产品挤进市场，销售成本较低。但这种策略应配合直接的销售方式，除非所选定的组织或个人具有很大的市场推销能力和影响力，否则，就要慎重考虑这种销售渠道策略。

(3)选择性销售渠道策略。这是介于上述两种策略之间的一种策略，即有条件选择几家中间商进行经营。这种策略比独家专营分销面要宽，有利于扩大销路，开拓市场；又比密集性销售易于控制，不用分散太多的精力。另外，有助于加强企业与经销商之间的理解和信任，使被选中的中间商成为企业的忠诚伙伴。

(4)复式销售渠道策略。指在某一市场上，既有企业自设的批发点，又有该地区的经销点，或还有非专营饲料、兽药的店铺也参与经销等。采用这种策略要使当地经营从厂家直接进货与该厂家在当地设立的批发点进货享受同样的利益。同时，厂家批发点只从事一级批发业务，而二级批发及零售让当地经营者去做，最大限度地发挥经销商的功能。

◈练习题

1. 你认为偏远山区的养殖户更适合什么样的销售渠道？

2. 如果你在县城有一家饲料代销点，代理了 4 家质量、包装、供货价各不相同的饲料，你会如何拓展销售渠道？

任务七　设计某饲料集团公司一种产品的促销方案并实施

一、能力训练

1. 分析该饲料企业在当地的优势与劣势。

2. 你从案例中得到什么启示？

3. 帮助该企业制订一个抢占当地饲料市场的方案。

◈案例

某饲料企业的促销活动

某饲料企业原本效益很好，也没有做过促销，直至其他企业后来居上，这家企业才慌了，于是召开销售人员会议。销售人员抱怨：人家企业做得好，农民买一包饲料可以得到一件文化衫，销量多的经销商可以出国考察。领导认为这些做法都不难，可以复制。江南每年6～8月份是农忙时节，农户都忙着双抢，养殖业是淡季。领导认为淡季一定要刺激农民，诱导农民购买饲料。于是，该企业制作了一批漂亮的文化衫。7月底，销售人员又向企业抱怨：这么晚才给市场发放促销品，别人早就做了。原来竞争企业在5月底就将文化衫全部发放到位，农民在双抢时根本没有时间去购买饲料，辛苦赶制的文化衫也没有发到农民手中。

第二年，该企业很早就准备质量很好的香皂作为促销品。农忙时农民每天都要洗澡，香皂是他们的必需品。但结果和预料大相径庭：经销商拒绝大量进货。销售人员从市场前沿报告：经销商已经大量购进竞争厂家的货，原因是该厂家开展了一个活动，在市场淡季完成旺季85％销售额的经销商可以参加企业组织的出国考察团。竞争厂家已经抢先占领了经销商的仓库和资金，于是，这家企业又是大败而归。

二、导读：产品促销

作为饲料销售行业的业务人员，在进行饲料销售时，适当运用营销技巧可有效提高营销成功率，提高工作效率。

1. 说服的原则

(1)熟知并相信自己的产品。营销人员应懂得饲料原料、饲料生产工艺及售后服务等知识，只有这样，营销人员在销售过程中才会对自己的产品有足够的信心，真心实意地帮助客户选择好的产品。

(2)相信自己所代表的公司。公司应让营销人员更多地了解公司，用企业文化凝聚人心，提高战斗力，使营销人员有归属感和认同感，心情愉快地进行销售。同样，营销人员也应该让客户全面仔细地了解公司，让客户放心地选择公司产品。

(3)相信自己的营销能力。营销人员要坚信自己的营销能力，在使别人树立信心之前，自己必须首先充满信心。要相信自己是最优秀的推销员，有能力把自己的公司和产品推销出去，这很重要。

2. 说服的技巧

(1)要保持良好的心态。饲料销售不同于其他产品销售，我们所接触和面对的都是广大老百姓，老百姓最讲实在，所以，营销人员应该有理有节，落落大方，坦率真诚，清楚明白地回答客户提出的各种问题，保持良好的心态，给客户留下美好的印象。

(2)价格与价值一并提出。一个优秀的营销人员应该在最短的时间内了解客户的需求并尽量满足他，让客户把注意力集中到产品的价值上，想方设法让客户认识到你推销的产品正是他所需要的，他就会将价格放在次要的位置上。

（3）谈判的结果应该是“双赢”。在饲料销售过程中，经常会遇到一些客户对产品进行“杀价”，这样的客户往往最有买意，营销人员要让客户经历一个艰苦卓绝的谈判过程，让他感觉到所争取到的每一个优惠都来之不易，最终让客户有一种“胜利”的感觉。这样，客户对努力得来的胜利果实才会倍加珍惜，从而成交。

3. 饲料促销的主要形式

（1）代价券：代价券是商业单位伴随广告或产品的外包装送给顾客的一种标有价格的凭证，但其价值只能在代价券责任者指定的商店里实现。通常顾客使用代价券购物可以在价格上获得百分之几的优惠，但另有一种是持代价券购物后可以将代价券兑换成货币的“自动清偿式代价券”，其优惠的比例就显得更大。

（2）附加交易：附加交易是一种短期的降价手法，其具体做法是在交易中向顾客给付一定数量的免费的同种商品。常见的这种方法的商业语言是“买几送几”。

（3）折扣：折扣即在销售商品时对商品的价格打折扣，折扣的幅度一般从5%至50%不等，幅度过大或过小均会引起顾客产生怀疑促销活动真实性的心理。折扣的标志可以公布于店外，也可以标在打了折扣的商品的陈列地点。

（4）回扣：给消费者的回扣并不在消费者购买商品后立即实现，而是需要一定步骤才能完成。通常回扣的标志是附在产品的包装上或是直接印在产品的包装上。

（5）有奖销售：有奖销售是极富有吸引力的促销手段之一，因为消费者一旦中奖，奖品的价值都很诱人，许多消费者都愿意去尝试这种无风险的有奖购买活动。在中国，法律规定有奖销售的单奖金额不得超过5 000元，除了即买即开的奖品外，为了提高有奖销售的可信度，抽奖的主办单位一般都要请公证机关来监督抽奖现场，并在发行量较大的当地报纸上刊登抽奖结果。

（6）样品：促销策略中样品的含义包括赠送小包装的新产品和现场品尝两种。许多企业在推出新产品的时候愿意以向消费者赠送小包装的产品为手段来推广产品和刺激购买。

（7）现场演示：现场演示的促销方法也是为了使顾客迅速了解产品的特点和性能，以便激励顾客产生购买的欲望。现场演示可以大量节约介绍产品邮寄广告的费用，并使顾客身临其境，得到感性认识。

（8）竞赛：竞赛的方法有多种，常用的还是智力和知识方面的竞赛，其内容多数都是与销售产品的公司或它的产品有关的问题。竞赛的奖品一般为实物，但也有以免费旅游来表示奖励的。竞赛的地点也可有多种，企业有时通过电视台举办游戏性质的节目来完成竞赛，并通过在电视节目中发放本企业的产品来达到宣传企业和产品的目的。

（9）礼品：企业也可以利用一些机会和场合来发放作为礼品的本厂的产品，以提高企业及产品的知名度。当然，有时企业只花费很少的经费在展览会或其他场合发放印有厂名的公文包、提兜等，不过这也是很经济的扩大企业知名度的方法。

（10）展销会：展销会集商品展示与销售活动于一体，是近年来很热门的一种商业活动。展销会的产品由厂家直接销售时，其价格会比零售价格略低。由于参加展销会的消费者多数都具有购买便宜商品的欲望，所以如果展销商品的水准较高的话，厂家的销售额能够达到相当的水平。

◆练习题

1. 根据你的学习和思考，拟定一个名气不算大，且第一次进入某县的饲料拟定一个营销方案。

2. 请你模拟一个在乡镇经销商店里促销某名牌饲料企业新推出的饲料品种的场景。

3. 分组模拟一次饲料营销推广会或宴会。

任务八 设计某饲料集团公司三种产品的营销策划书

一、能力训练

1. 阅读案例，归纳提炼出5～8个关键词，并对短文主要内容进行简要复述；

2. 你认为T品牌在A县怎么样才能重振雄风？

◆案例

T品牌在A县的营销

广东省某饲料企业T品牌在A县的营销情况：

1. 生猪养殖量大，集中度高。A县的生猪存栏量大，在某省位列前茅，位于所在市的第一位，主要以60～200头的小型猪场为主，1 000头以上的猪场数量也不小。生猪养殖量主要集中在B、C、D、E等几个乡镇。

2. 市场容量大。A县的工业饲料月销量3 500吨左右，是许多饲料品牌的必争之地，竞争激烈。各个知名度较高的品牌在A县均有良好的市场表现。

3. T品牌市场表现。经过2006—2011年的市场运作，在A县有一定的知名度，但也存在一定的市场负面影响。

T品牌曾经在A县也有一定的市场影响力，也曾创造过月销量300多吨猪料的战绩，因多种原因，2011年起销量直线下滑。到2012年上半年，月销量已经不足100吨，市场网络不健全。市场销量70%集中在B镇客户张三处，其他区域的客户销量较小，存在很多的空白乡镇。有的客户月销量仅仅1～2吨，公司营销策略受制于经销商。由于市场销量过度集中在单个经销商的手中，所以公司的涨价、促销等活动很难按照公司的意图操作，形成“客大欺商”的局面。T品牌属市场二三线品牌，没有形成区域的强势和市场“亮点”。

主要竞争对手“X品牌”的分析。

1. 最早专业推广猪全程全价料，知名度高。“X品牌”在A县最早推广猪场料，具有较高的知名度。

2. 利用集团的优势和政府紧密配合，走产业链道路。“X品牌”猪场料主要以产业链的模式，推广销售。

3. 专注专业，集中优势。“X品牌”目前只做猪全程全价料和鸭料。只做公司附近的三个县级市场，销售半径约70千米，资源集中，突破力强。

二、导读:营销策划书

营销策划书是企业根据市场变化和企业自身实力,对企业的产品、资源及产品所指向的市场进行整体规划的计划性书面材料。

1. 营销策划书主要内容——5W1H1E

WHAT 是指执行什么策划方案;

WHO 谁执行策划方案;

WHY 为什么执行策划方案;

WHERE 在何处执行策划方案;

WHEN 在何时执行策划方案;

HOW 如何执行策划方案;

EFFECT 要有看得见的结论和效果。

2. 编制营销策划书的原则

逻辑思维原则;

简洁朴实原则;

可操作原则;

创意新颖原则。

3. 营销策划书的撰写技巧

寻找一定的理论依据;

适当举例;

利用数字说明问题;

合理利用版面安排;

注意细节,消灭差错。

4. 营销策划书的格式要素

(1)封面。策划书的名称、被策划的客户、策划机构或策划人的名称、策划完成日期及本策划适用时间段。

(2)前言。简单介绍委托情况、策划目的和意义以及策划的概略情况。

(3)目录。

(4)概要提示。阅读者通过概要提示,可以大致理解策划内容的要点。

(5)正文。这里以一般整体策划书为例简单介绍。

①营销策划的目的。如企业开张伊始,尚无一套系统营销方略,因而需要根据市场特点策划出一套行销计划。

②企业背景状况分析。

③营销环境分析。当前市场状况及市场前景分析:产品的市场性、现实市场及潜在市场状况;市场成长状况,产品目前处于市场生命周期的哪一阶段上。对于不同市场阶段上的产品公司营销侧重点如何,相应营销策略效果怎样,需求变化对产品市场的影响;消费者的接受性,这一内容需要策划者凭借已掌握的资料分析产品市场发展前景。

对产品市场影响因素进行分析:主要是对影响产品的不可控因素进行分析。如宏观环境、政治环境、居民经济条件,如消费者收入水平、消费结构的变化、消费心理等。

④市场机会与问题分析。营销方案，是对市场机会的把握和策略的运用，因此分析市场机会，就成了营销策划的关键。只是找准了市场机会，策划就成功了一半。

针对产品目前营销现状进行问题分析。一般营销中存在的具体问题，表现为多方面：企业知名度不高，形象不佳影响产品销售；产品质量不过关，功能不全，被消费者冷落；产品包装太差，提不起消费者的购买兴趣，产品价格定位不当；销售渠道不畅，或渠道选择有误，使销售受阻；促销方式不对，消费者不了解企业产品；服务质量太差，令消费者不满；售后保障缺乏，消费者购后顾虑多等都可以是营销中存在的问题。

针对产品特点分析优、劣势。从问题中找劣势予以克服，从优势中找机会，发掘其市场潜力。分析各目标市场或消费群特点进行市场细分，对不同的消费需求尽量予以满足，抓住主要消费群作为营销重点，找出与竞争对手差距，把握利用好市场机会。

⑤营销目标。营销目标是在前面目的任务基础上公司所要实现的具体目标，即营销策划方案执行期间，经济效益目标达到：总销售量为×××万件，预计毛利×××万元，市场占有率实现××。

⑥营销战略。营销宗旨：以强有力的广告宣传攻势顺利拓展市场，为产品准确定位，突出产品特色，采取差异化营销策略；以产品主要消费群体为产品的营销重点；建立起点广面宽的销售渠道，不断拓宽销售区域等。

产品策略：通过前面产品市场机会与问题分析，提出合理的产品策略建议，形成有效的4P组合（产品、价格、渠道、促销），达到最佳效果。

—— 产品定位。产品市场定位的关键主要在顾客心目中寻找一个空位，使产品迅速启动市场；

—— 产品质量功能方案。产品质量就是产品的市场生命，企业对产品应有完善的质量保证体系；

—— 产品品牌。要形成一定知名度、美誉度，树立消费者心目中的知名品牌，必须有强烈的创牌意识；

—— 产品包装。包装作为产品给消费者的第一印象，需要能迎合消费者、使其满意的包装策略；

—— 产品服务。策划中要注意产品服务方式、服务质量的改善和提高。

价格策略：拉大批零差价，调动批发商、中间商积极性；给予适当数量折扣，鼓励多购；以成本为基础，以同类产品价格为参考，使产品价格更具竞争力。若企业以产品价格为营销优势的则更应注重价格策略的制订。

销售渠道：根据产品目前销售渠道状况对销售渠道的拓展进行有效计划，采取一些实惠政策鼓励中间商、代理商的销售积极性或制定适当的奖励政策。

广告宣传：原则是服从公司整体营销宣传策略，树立产品形象，同时注重树立公司形象。长期化：广告宣传商品个性不宜变来变去，变多功能了，消费者会不认识商品，反而使老主顾也觉得陌生，所以，在一定时段上应推出一致的广告宣传。广泛化：选择广告宣传媒体多样式化的同时，注重抓宣传效果好的方式。不定期的配合阶段性的促销活动，掌握适当时机，及时、灵活地进行，如在重大节假日或公司有纪念意义的活动等。

广告宣传的实施步骤主要是策划期内前期推出产品形象广告；销后适时推出诚征代理商广告；节假日、重大活动前推出促销广告；把握时机进行公关活动，接触消费者；积极利用新闻媒介，善于创造、利用新闻事件提高企业产品知名度。

具体行动方案：根据策划期内各时间段特点，推出各项具体行动方案。行动方案要细致、周密，操作性强又不乏灵活性。还要考虑费用支出，一切量力而行，尽量以较低费用取得良好效果为原则。尤其应该注意季节性产品淡、旺季营销侧重点，抓住旺季营销优势。

⑦策划方案各项费用预算。这一部分记载的是整个营销方案推进过程中的费用投入，包括营销过程中的总费用、阶段费用、项目费用等，其原则是以较少投入获得最优效果。费用预算方法在此不再详谈，企业可凭借经验具体分析制定。

⑧方案调整。这一部分是作为策划方案的补充部分。在方案执行中都可能出现与现实情况不相适应的地方，因此方案贯彻必须随时根据市场的反馈及时对方案进行调整。

(6)结束语。

(7)附录。

◈练习题

结合前面训练，从产品定位、市场环境、产品组合、打造品牌、设计包装、确定价格、销售渠道及产品促销等方面，设计一套营销策划书。

项目五 饲料购买客户的建立与服务

◈学习目标

1. 通过学习和训练，能够掌握建立客户、为客户服务的基本方法，做好中间商管理和窜货管理。

2. 通过学习和思考，能够掌握客户信息管理和为客户服务的艺术。

任务一 熟悉你的客户

一、能力训练

1. 现场重现。模仿胡经理与顾客打交道过程，但要出现一个积极的结果。

2. 用 2～4 个词描述顾客的个性，用 2～4 个词描述胡经理的行为，把描述的结果进行展示与交流。

3. 设计一份顾客档案表。

◈案例

胡经理的保证惹的祸

某饲料公司的胡经理曾负责 A 片区的鸡饲料销售工作。他春天刚到任就遇到麻烦。有一次，一位养鸡的客户打来电话，让他送 10 吨鸡料，他送过去后，客户当场把鸡饲料打开，发现饲料有些松散，颜色黄得不太正常，就怀疑饲料是否存在问题。胡经理当时就保证饲料绝对正常，公司的饲料就是这个样子的。结果，过了 2 天，客户就打电话让他过去看看，他走进鸡场，发现到处都是死鸡。客户认为是饲料问题，刚换料就出现这么大的问题，而且这个客户是公司的老客户，对公司饲料的形状、颜色等非常清楚，那天购买饲料的时候就发现不对劲，但因为有胡经理的保证，也没有多说什么。胡经理则认为鸡死亡有两点：一是鸡场管理不好，造成鸡感染了疾病；二是天气的突变造成的应激。他找来公司的技术人员对鸡进行了解剖，也诊断不出原因。对客户的理赔要求，胡经理采取了否认的态度。其实，胡经理很清楚，这批饲料在仓库已经存放了 1 个多月，仓库的保管条件也不好，饲料可能有一定的问题，但也不能否认鸡场方面的问题。

这个客户是一位养殖经验非常丰富的专业人员，在当地很有影响，很多养殖户从师于他。这次事件发生之后，具体的原因虽然没有找到，但他认为胡经理的为人存在问题，从此与该饲料公司断绝了来往，而且 A 片区其他养殖户也纷纷改用其他公司的饲料。渐渐地，该公司的饲料在 A 片区销声匿迹，再也进入不了这片市场，胡经理也只好被迫到其他的片区工作。

二、导读:客户服务

1. 客户消费心理

(1)客户的消费心理。客户的消费需求心理较突出地体现在他们购买商品的过程中,并通过购买行为反映出来。饲料营销的客户群体是从事养殖工作的人,这个群体普遍文化水平不高,他们的消费心理可以归纳为以下几种:

求实心理:这种心理的核心是"实用"、"实惠",具有求实心理的客户,一般与经济收入、消费水平及消费习惯有关。

求真心理:追求饲料的用途、实际价值而进行尝试。可能以前所用的饲料效果一般或没有体现什么优势。因此,需要营销员懂一定的养殖知识,把道理讲透,从而打动顾客。

求名心理:以追求名优饲料品牌为主要特征的需求心理。这些客户在购买商品时常常是慕名而来,他们的决策往往建立在电视广告基础上,而且饲料公司的实力也是他们作出选择的基础。

求廉心理:以追求廉价商品为主要特征的需求心理。他们往往对同类商品的价格进行反复比较,而对商品的质量、包装等不过分挑剔,并喜欢购买折价、优惠价、处理价商品及低档消费品。也有例外的情况,在养殖行情不好的情况下,养殖户为了减少成本,只求畜禽能够存活而不计较生产力,在这种情况下,客户往往就选择廉价饲料以渡过难关。

求同心理:以购买大众化商品为主要特征的需求心理。具有这种心理的客户,大多思想意识比较保守,易受其他客户的影响进行饲料的选择。

求恒心理:以追求某种商品的习惯消费为主要特征的需求心理。这类客户在购买商品过程中,购买指向集中、稳定。这种客户一般是饲料公司的忠实客户。

求准心理:这是一种以商品数量、质量、规格符合标准为主要特征的需求心理。这类客户对饲料的质量、效果非常关注,鉴赏识别的能力也比较强。

(2)客户对商业服务的需求心理。饲料客户对销售服务的需求心理可归纳为以下四种:

尊重:希望自己的行为习性、生产生活方式、意见等受到重视,自己的诉求能够得到满足。

便利:指购买、运输、使用时比较方便。有的公司喜欢用专业的术语或英文名称进行饲料宣传,在饲料的使用时还必须有一定的条件限制,这对农村客户来讲,都是非常麻烦的事。因此,在营销时一定要注意客户的指向。

周到:饲料营销服务主要指技术服务,包括售前、售中、售后三个阶段。技术服务包含内容丰富,尤其是针对农村客户的时候,饲料公司的技术力量、信息容量、管理能力等决定了他们服务能力的高低。养殖行业的技术服务一定要做到周到、快捷、准确。

指导:养殖户最希望得到技术人员的专业指导,如养殖技术、疫病防治、污染的处理等。在针对养殖户的专业指导中,要求以可操作方式进行指导,过多的理论只能使双方浪费时间。

2. 客户服务的原则

客户服务总的原则是为了满足客户的要求,提供高质量的营销服务。服务质量包括营销活动中服务态度、服务方式、服务内容和服务范围。

(1)客户服务的态度要热情周到。服务态度是构成客户服务的最重要、最基本的内容,它贯穿于整个服务过程。服务态度的好坏直接影响着营销人员的营销绩效,影响着企业的形象。一般的营销人员都会做到收敛自己的语言,尽量避免得罪客户,但有一些情况应该引起关注,营销员的不良口头禅、营销员的傲慢的肢体语言、营销员的漠视形象等非常容易引起客户的反感。关注、欣赏、低位、积极是营销员在为客户进行服务时必须保持的姿态。另外针对每一位客户都要平等对待,不能因为客户的大小而采取不同的服务方式。

(2)客户服务的内容要符合客户的期待。服务的真正含义,是在客户需要时,用客户希望的方法提供客户需要的帮助。因此,服务的核心就是提供客户希望的帮助,不管是产品的售前、售中还是售后服务都应如此。如当前的养殖户在购买某饲料产品的同时,还迫切希望厂家能帮助提高饲养水平以及协助进行疾病的诊断与防治。如果厂家能提供这些服务,满足养殖户的要求,该产品极易被用户所接受。

(3)客户服务的内容要丰富。客户服务的内容包括技术服务与培训、产品设计与输送、生产指导、信息提供等。客户服务既考验营销员的服务技巧,更考验饲料公司的实力。不管是服务内容、服务形式还是服务质量,对饲料公司的技术资源、信息资源、人力资源、组织与管理能力都提出挑战。现在饲料公司在市场营销的大潮中,形成了各种各样的客户服务形式与服务内容,如驻场指导、提供人力资源等,极大丰富了客户服务内容,提高了客户服务的质量。

(4)客户服务程序要合理。合理的服务程序,是从人性的角度出发,尊重客户心理,既能够帮助客户解决麻烦,也会给客户带来愉悦。

定期回访:要建立客户档案,对客户的情况包括兴趣爱好都要详细记载。尤其是新开发的客户,回访的频率要高,让他们感觉受到重视,最好是每周打一次电话,询问饲料的使用情况,两周亲自登门,进行察看,拜访时学会倾听,做好记录。

赞赏与回馈:真诚地热爱客户,寻找客户的优点进行赞扬,对客户的每一次成功表示祝贺,对客户的每一次失败表示同情与安慰。及时送去节日的祝福和公司的纪念品,让客户觉得公司在真诚地关注他们。纪念品要遵循实用、实惠的原则。

服务超前:主动关注客户的养殖情况,提前对养殖环境和养殖效果进行预判,并提出改进意见。超前服务让客户在享受效益的同时,能够感受公司的技术力量。

3. 客户服务分类

营销服务依据不同的标准可以分成不同的种类。

(1)按产品营销的全过程分为售前服务、售中服务、售后服务。售前服务:在购买产品之前为客户提供产品设计、产品样本和使用说明书,为客户提供咨询服务等,它是产品出售前进行的一系列铺垫工作,是准备阶段。

售中服务:在营销过程中热情为客户介绍产品的用途、性能,帮助客户挑选产品,告知客户产品的使用方法、用量,尽量满足客户提出的一系列要求,售中服务与商品成交紧密相连,是至关重要的一个环节。

售后服务:产品销售成功后,为客户提供送货、产品退换以及技术服务等。这是服务的最后一道环节。售后服务周到,可以消除客户的后顾之忧,也是赢得客户的重要手段。

(2)按服务的地点分为定点服务与巡回服务。定点服务:一般是在企业产品销售市场比较集中的地区设立固定服务网点,便于帮助客户解决现存的疑难问题,目标明确,同时服务网点的服务人员集中,技术力量较强,服务质量较高。但定点服务不利于离服务网点较远的客户。

巡回服务:指营销人员或专门派出技术人员,按客户分布的路线巡回服务。巡回服务适用于企业产品销售市场分散,客户也比较分散的情况。巡回服务的最大优点是可以主动为客户服务,及时上门,加深企业与客户的联系,融洽感情。其次,可以为更多的客户提供服务。它的缺点是:由于服务人员流动性大,客户不易找到服务人员。

(3)按服务费用的收取情况分为免费服务与有偿服务。免费服务:免费为客户提供一些传统的服务项目,如解答客户问题、印发产品使用说明书、在一定范围内免费送货等。

有偿服务:企业为客户提供某些服务时向客户收取一定的服务费。随着市场经济的发展,企业为客户提供的服务项目越来越多,如果全部无偿,企业费用的开支将使企业无法承受,而且通过付报酬而得到某些服务已得到越来越多的客户的认可。如技术讲座、技术培训、远距离送货等。为了不引起顾客的反感,尽量把有偿服务的费用纳入饲料中,并对顾客进行说明。

(4)按服务的时间分为长期服务、中期服务和短期服务。

(5)按营销服务的次数分为一次性服务和经常性服务。一次性服务:客户在使用某种产品的全部时间里,营销人员为客户提供的一次服务。如果客户需要更多次服务,则需与专业的服务单位联系。

经常性服务:根据客户需要的服务次数时间来决定厂方的服务方向与内容。这种服务以客户为导向,因此能令顾客满意。

4. 客户投诉的处理

客户投诉是指客户对企业产品质量或服务上的不满意而提出的书面或口头上的异议、抗议、索赔或要求解决问题等的行为。

在看到投诉消极面的同时,也要看到顾客投诉的积极面,它可指出公司及营销员的缺失处,有助于公司的不断改进;可以给营销员再次营销的机会;可以培养顾客的忠诚度,会投诉或异议的顾客一般是比较忠实;可以进一步了解顾客,站在客户角度来考虑问题。

(1)投诉处理的重要原则。没有哪个公司能够避免投诉,能够正确处理投诉,并从中吸取教训,公司才能做强做大。可以说,正是有了顾客的投诉,才促进了公司的发展。

对投诉的处理,需要遵循一些基本原则:

不回避问题并找出问题的根源;必要时让上司能参与了解,运用正确方法解决问题;建立投诉处理正确渠道与措施;在营销之前消灭可能存在的隐患,如果确实发生了问题引起客诉,立即检讨,并采取行动改正错误,直到顾客满意;避免同样错误,让它不再发生。

(2)处理投诉问题的禁语。在处理客诉时,有些语言会招致客户的不愉快,例如:不可能,这种事绝不可能发生;一分钱,一分货;这种问题连小孩都会;我绝对没有说过那种话;我不太清楚;这是公司的规定;总是会有办法的;改天我再和你联络。

(3)面对投诉的有效应对原则及步骤。轻微客诉:如产品破损更换、产品瑕疵要求更换。处理原则是耐心聆听客人反映意见并判断客人等级,在有把握的情况下,向客人说明并做适当的处理。呈报初步处理方式与解决结果,并填写记录表。

中度客诉:事件简单,客户要求不简单,但客户要求合理,如产品破损或延误,客户坚持退货。处理原则是耐心聆听客户反映意见并判断客户等级,另一方面安抚客户情绪,立即反应并处理,切勿延误。

重度客诉:客户态度不佳、要求极不合理。如威胁公司及有损公司商誉等行为。处理原则是耐心聆听客户反映意见并判断客户等级,另一方面安抚客户情绪,立即反应并处理,切勿延误。

最高处理原则:降低公司损失,令客户满意,化危机为转机。判断客户属于何种类型客户,采取适当的处理办法。

5. 客户关系管理

客户关系管理包括以下具体内容：

(1)建立并维护客户基本资料。

(2)随时掌握客户最近需求和满意状况。

(3)记录并更新客户问题与抱怨。

(4)确认客户需求或问题,适时解决。

(5)服务时,以具体行动和关怀的态度执行。

(6)不论服务结果如何,应依实际情况记录服务情况,包含客户反应。

(7)对于问题客户或重要客户,定期检讨服务状况以提升服务品质。

◈练习题

1. 设计一个客户档案表。
2. 阅读并查找资料,写出饲料客户的类型和心理特征。
3. 在面对养殖客户时,你能够提供的服务有哪些?
4. 如何看待客户的投诉? 为了减少客户的投诉,在销售过程中,应该注意哪些问题?
5. 请从一个养猪户的角度,对饲料公司提出服务要求。

任务二　学会为客户服务的艺术

一、能力训练

1. 用 3 个词概述小张取得成功的法宝。
2. 根据你自己的特点,设计出为客户服务的模式并进行展示。

◈案例

小张取得成功的法宝

小张 2002 年从专科学校畜牧兽医专业毕业,他家庭贫困,从小就养成了能吃苦耐劳的习惯,毕业后在湖北一大型饲料公司从事销售工作。同学们对他的选择感到非常惊讶,因为小张不善言辞,只知道埋头苦干,就连来学校招聘的饲料公司领导开始也不愿意要他,认为他的性格适宜到养殖场做技术员。但不到一年的时间,他就凭借销售业绩做到片区主任,年收入超过 10 万元。

有一次,该公司销售总监路过他主管的片区,顺便了解一下当地的市场。打电话约小张见面,发现他正在客户的鸭棚做饲料对比试验,并帮助客户养鸭,已经工作 20 天了。赶到鸭棚一看,发现小张就住在鸭棚边的一个小屋里,生活条件极为简陋。养鸭的老板告诉总监:“张群云虽不善言辞,但人实在、爱学习、肯吃苦,没有鬼心眼,不管什么时候、遇到什么困难,只要叫他来帮忙,都是随叫随到”。因此,该养鸭老板在当地帮助张群云销售了不少饲料,小张也因为踏实的作风,受到当地养殖户的信赖。2006 年,小张通过努力,考取了研究生,临走的时候,公司领导对他说:你毕业的时候,只要想回来,就可以回来,公司的大门对你是随时敞开的。通过自己的努力，小张2009年顺利研究生毕业。毕业当年就筹款办了一个小型养猪场，开始了自己的创业之路。

二、导读：客户开发

开发新客户是每个饲料营销员的首要任务。从销售对象来讲，开发包括寻找和培植。从销售产品来看，随着企业产品的更新，不管新老客户，都存在开发的问题，因为产品变了，客户不一定就接受。

1. 客户开发

客户开发的基本步骤，首先是要搜集潜在的客户名单，建立一个潜在的客户名簿；然后要进行客户调查，搜集有关客户完整且尽可能详细的信息；采用一定的方法对客户进行探察和筛选；最终确定重点客户，作为新客户开发目标。

(1)潜在客户的搜集。销售员必须经常不断地寻找新的潜在客户，一般可以把潜在客户分为新开发的客户、以往的客户、现有客户三类。

销售员找到客户一般有2种方法：一是通过个人观察、访问、查阅资料等方法直接寻找；二是通过熟人、关系户或朋友介绍。

(2)探察和筛选客户。选择潜在的客户，需要知道客户的具体情况及消费意愿，因此，可以直接与客户取得联系，联系有以下方法：

直接邮寄法：向客户邮寄饲料的产品说明书、样品，并提出反馈信息的殷切期望。

电话探察：要注意打电话的时间与次数，也可通过短信方式先进行试探。由于养殖户多是农村人，因此，电话探察可能存在语言不清的问题。

熟人或朋友帮忙打探。

根据客户的文化层次，还可以选择一些高科技方法，如网上聊天、发电子邮件等。

(3)访问准备。在做好潜在客户的选择和确定工作后，销售员手中就有了一份较可靠的潜在客户名单。但是为了提高销售的成功率，必须做好洽谈前的准备工作。包括再次验证信息，了解熟悉潜在客户的情况，准备设计几套相应的接近洽谈的策略和方案。准备名片、笔记本、工作证、协议书以及与产品有关的材料。准备工作越充分，销售人员的信心就越足，在销售过程中就越能表现出自信与诚恳助人的态度，为销售的成功奠定基础。

(4)访问技巧。成功的销售，应在潜在客户的心中引起五个连续的反应过程：注意、兴趣、欲望、行为、满足。

①引起客户的注意：客户的第一印象常常是销售员成败的关键。所以，初次登门和访问的最初几分钟非常重要，要树立良好的第一印象。一般说来，引起谈话兴趣是困难的。被访问者知道销售员要销售某种产品，一般都存有戒心。因此，采取各种方法，消除客户戒心，使其乐于交谈是首先要解决的问题。事先应对被访问者做充分了解，然后采取不同的方式，或直入式，或迂回式，创造一种友好气氛，建立一种良好的人际关系，是必须在访问的最初阶段就要做到的。

销售员的服饰整洁得体，表现友善而不刻意讨好，谈吐温和风趣，风度自然大方，语言文明等，都会引起对方的好感和注意。

销售员在争取谈话机会，树立良好的第一印象后，就应适时地把对方的注意力引向所要销售的产品上去。

②兴趣：销售员销售访问的第二步工作，就是设法引起客户对产品的兴趣。引发兴趣的常规性做法是：描述产品的特点、功能，突出优点；对产品说明书进行阐述；鼓励对方试用样品等。谈话可以是问答式，也可以采取征求意见的方式，以把握对方的关心重点及态度，做相应说明。当然，引发兴趣的最关键性工作，是说明产品为对方带来的各种好处和利益。

③欲望和动机：销售员应善于鼓动，在访问过程中克服阻碍因素和反对意见，抓住对方的需求与利益点所在，激发客户的购买欲望，不断强化对方的购买动机。

④行动：引起并强化客户的购买欲望和动机之后，就要设法利用谈判的策略和方法，促成购买行为的发生。一般说来，两次销售访问，难以获得销售成果。不能因交易不成而改变对客户的态度，贸然结束销售访问，销售员要有韧性，应继续努力，创造机会。

⑤签约：完成签约之后，要建立客户的满足情绪，使客户购买后，觉得是作出了一项正确决定，既满意，又满足。交易结束后，还要适当回访客户，并继续满足对方的合理要求，协助公司提供售后服务。这样，客户就可能成为企业的忠诚客户，并成为产品的义务宣传员。

(5)销售洽谈。在销售访问过程中，洽谈是最关键的环节。如果说选择销售对象的目的在于引起客户对产品的注意和兴趣，那么，洽谈就是使客户对产品的兴趣上升到强烈的购买欲望。洽谈过程中，销售员应该在认真研究客户心理特征的基础上，利用一切手段和方法，使客户了解产品的各种性能，认识该产品能给自己带来的利益，进而激起强烈的购买欲望。因此，客户是否购买的关键在于洽谈是否成功。

销售员与客户洽谈必须掌握一定的技巧，常用的方法有：

资料运用法：就是用企业的产品目录、照片、说明书及一些介绍产品效用的剪报、客户表扬信、获奖证书、鉴定合格证等资料向客户洽谈。

他人运用法：即运用其他客户对产品的赞扬来证明销售品的优异。而这些客户最好是销售对象的熟人、亲友、同事、同学或社会知名人士，他们的意见往往比销售员更加具有说服力。

激将法：这种方法是一种相反的心理暗示法。有的客户用正面的陈述法不能刺激其购买欲望，而用相反的提示、刺激，有时则会产生好的效果。这就是所谓的“请将不如激将”，这种方法对高傲自大的客户有很好的效果，但用这种方法时，说话要掌握好分寸，既要刺激客户，又不能冒犯客户自尊心，否则，会产生相反效果。

2. 客户类型

(1)吹毛求疵型。这类客户多半不易接受他人的意见，爱抬杠、争辩、挑剔，争强好胜，绝不服输。对这类客户要采用迂回战术，先顺从，称赞对方，当其好胜心理得到满足后，再转入销售的目的。

(2)豪爽干脆型。此类客户大多开朗、乐观，慷慨坦直，干脆豪放，但缺少耐性，轻率马虎，感情用事。对这类客户，销售员必须抓住其性格特点，简短介绍，说明产品的用途、特点、使用价值、价格及销售建议，并且注意与对方建立友情，效果更佳。

(3)优柔寡断型。这类客户外观温和，态度从容，但内心却瞻前顾后，举棋不定。对于这类客户，销售员自己言行要坚定自信，依据充分的事实，帮助客户作出合理的逻辑推理，消除客户疑虑。同时，如果有周围的客户能够帮助说服，效果会更好。

(4)从容不迫型。这类客户遇事沉着冷静，思维严谨，胸有成对销售员的建议会认真聆听，会提出问题，但不会轻易作出购买决定。面对此类客户，销售员必须从熟悉产品特点着手，谨慎地运用逻辑引导法，多方举证、比较、分析，使产品的使用价值全面向客户展示，以期获得客户理性的支持。

(5)圆滑难缠型。这类客户在与销售员洽谈时，固守自己立场，找借口拖延，还会声称另找卖家，以施加压力。倘若销售员经验不足，便容易中圈套，因担心失去主顾而主动减价或优惠条件。针对这种老练圆滑的客户，销售员应洞察其真实意图。在洽谈时从容不迫，先制造一种紧张气氛，再强调产品的使用价值，加以利诱，这样双管齐下，更易达成交易。

另外，客户的类型还包括沉默寡言型、感情冲动型等。不同类型的客户，个性和心理也不同，在销售过程中，应把握其特点，利用不同的销售方法，掌握和利用洽谈原则，说服客户，达成交易。

3. 洽谈的原则

(1)避免争论。在与客户洽谈中，销售员也常常受到客户的挑战：客户常常会就销售产品的质量、价格、性能、服务等方面向销售员发难，使销售员在洽谈中常处于被动地位。销售员在洽谈中遇到此种间接挑战，不能同客户发生争论，更不要反驳对方，要扬长避短，采取避开直接竞争的原则，转移对方注意力，引导客户向另一方面转化，从而接受销售。

(2)示范销售。在洽谈中，销售员为了引起客户对产品的兴趣，应该展示样品，说明产品的性能、特点，用现场示范比较来证实产品的优点，达到“眼见为实”的效果。洽谈中客户只用耳听来感受，心理学家认为耳听的信息仅留存10%的记忆，而眼见之后的记忆达到35%左右，可见示范在洽谈中的作用是不能忽视的。

(3)抓住要点。这就是针对不同的用户把销售产品的诸特性中对用户一方具有决定性影响的一点，用简明的语言表达出来。这就要求销售员能正确掌握用户的情报资料，熟悉并正确地运用产品知识，针对用户的特点作出精辟的产品介绍，切中客户的购买心理，使之产生购买欲望和行为。例如饲料的配料、使用方法、效用等。

(4)双向沟通。洽谈过程中，销售员不应该一个人滔滔不绝地说，而应该让客户多发言，多提问，并有机会接触样品。这样，销售效果会更好。心理学表明采用双向沟通方式比单向沟通方式获得的印象要提高一倍。因此，让客户听、看、触并行，必能激起客户的购买欲望，达到销售目的。

◆练习题

1. 如果你是一个养殖户，正遇到经济困难，但又很需要饲料，你如何挑选饲料公司并成功合作？

2. 饲料营销中，不可避免有一些欺骗成分，怎样识别与看待？

3. 请设计一个开发新客户的计划。

任务三　管理好你的客户

一、能力训练

1. 分析娃哈哈分销体制的优点与缺点。

2. 把娃哈哈集团的分销体制用图形进行描述。

3. 建立一个防火墙杜绝窜货。

◈案例 1

娃哈哈集团的分销体制

娃哈哈的每一个产品都没有高的技术含量，不存在技术壁垒，但娃哈哈却步步领先，一枝独秀，这与其牢不可破的分销网络是密切相关的。分销是企业最难控制和管理的内容，特别是其中的窜货问题，是所有企业面临的共同难题，被称为分销渠道的一个“顽疾”。娃哈哈曾经出现过严重的窜货现象，现在却基本上控制了窜货。那么，娃哈哈是怎样整治分销渠道的这个“顽疾”的呢？

1. 实行双赢的联销体制度

娃哈哈在全国 31 个省市选择了 1 000 多家能控制一方的经销商，组成了几乎覆盖中国每一个乡镇的联合销售体系，形成了强大的销售网络。娃哈哈采用保证金的方式，要求经销商先打预付款。按时结清货款的经销商，公司偿还保证金并支付高于银行同期存款利率的利息。经销商先付款再发货，这样娃哈哈的流动资金充裕，没有坏账，经销商也得到实惠，实现了双赢。娃哈哈的“联销体”以资金实力、经营能力为保证，以互信、互助为前提，以共同受益为目标指向，具有持久的市场渗透力和控制力，并能大大激发经销商的积极性和责任感，这些对防止窜货具有重要意义。

2. 实行严格的价格管理体系

娃哈哈现在的销售网络构成是公司—特约一级经销商—特约二级经销商—二级经销商—三级经销商—零售终端。为了从价格体系上控制窜货，保护经销商的利益，娃哈哈实行级差价格体系管理制度。娃哈哈为每一级经销商制定了灵活而又严明的价格，根据区域的不同情况，分别制定了总经销价，一批价，二批价，三批价和零售价，在销售的各个环节上形成严格合理的价差梯度，使每一层次、每一环节的经销商都能通过销售产品取得相应的利润，保证各个环节有序的利益分配，从而在价格上堵住了窜货的源头。

3. 建立科学稳固的经销商制度

娃哈哈对经销商的选取和管理十分严格。娃哈哈精选合作对象，筛出那些缺乏诚意、职业操守差、经营能力弱的经销商。娃哈哈虽然执行的是联销体制度，但企业与经销商之间是独立法人关系，娃哈哈和联销体的其他成员签订了严明的合同，在合同中明确加入了“禁止跨区销售”的条款，将经销商的销售活动严格限定在自己的市场区域范围之内，并将年终给各地经销商的返利与是否发生窜货结合起来，经销商变被动为主动，积极配合企业的营销政策，不敢贸然窜货。娃哈哈的政策使他们意识到：市场是大家的，品牌是厂商共有的，利益是共同的，窜货会损害双方的利益。

4. 返利＋间接激励

间接激励，就是通过帮助经销商进行销售管理，以提高销售的效率和效果来激发经销商的积极性。娃哈哈各区域分公司都有专业人员指导经销商，参与具体销售工作；各分公司派人帮助经销商管理铺货、理货以及广告促销等业务。与别的企业往往把促销措施直接针对终端消费者不同，娃哈哈的促销重点是经销商，公司会根据一定阶段内的市场变动和自身产品的配备，经常推出各种各样针对经销商的促销政策，以激发其积极性。

5. 产品包装区域差别化

在不同的区域市场上，相同的产品包装采取不同标识是常用的防窜货措施。娃哈哈和经销商签订的合同中给特约经销商限定了严格的销售区域，实行区域责任制。发往每一个区域的产品都在包装上打上了一个编号，编号和出厂日期印在一起，根本不能被撕掉或更改，除非更换包装。

◈**案例 2**

王经理制定的销量奖励政策

王某是一家饲料公司的营销经理。为了扩大产品销量，提高经销商的积极性，他出台了新的奖励政策，提高给经销商的销量返利奖励。

王某为每个经销商制定了三个不同的年销量指标，即底限任务、中档任务和冲刺任务。完成的年销量指标越高，返利的百分比越大。从王某的返利政策来看，如果经销商只完成 200 万元的底限任务，只能拿 2 万元的返利；如果完成 300 万元的冲刺任务，则可拿到 15 万元的返利。

在王某如此的返利奖励诱导下，经销商为了完成更高的销量，采用各种手段，有的经销商大肆向其他地区窜货。

王某为了制止窜货，对一些违规的经销商三令五申，并以扣除返利威胁，但根本不管用，因为厂家的铺货底款扣在经销商手里。于是，窜货和低价倾销就越演越烈，不断升级，原来一直遵守秩序的经销商也被迫卷入，价格越卖越低，经销商的差价利润也越来越薄，不到一年，价格就接近“卖穿”。

二、导读：中间商管理　窜货管理

1. 中间商及其类型

中间商是指帮助企业将产品出售给用户的中间组织或个人。中间商是专门从事组织产品流通的独立行业，具有法人资格，在企业与用户之间起着纽带和桥梁作用。中间商包括批发商和零售商，其中批发商又包括经销商和代理商。

(1)批发商。批发商是指大批量购进，并批量售出 ，在产品购销过程中获取批发商业利润的单位或个人。其购进对象通常是生产者或其他批发商，其售出对象多数为零售商或养殖场(户)。批发商拥有产品的所有权，但并不改变产品的性质，一般不直接服务于最终用户，只是实现产品在时间和空间上的转移。

①批发商的类型。按是否拥有产品所有权可分为经销批发商和代理批发商。经销批发商拥有财产所有权，并承担全部经营风险，简称为批发商；代理批发商不拥有产品所有权，基本不承担经营风险，常简称为代理商。

按经销产品品种的多少可分为综合批发商和专业批发商。综合批发商经营批发的产品品种繁多，范围广泛，而专业批发商只经营某一类产品甚至某一种产品。

按经营业务地区范围可分为全国批发商、区域批发商、地方批发商。

②批发商的功能。集中功能：批发商通过采购活动将生产企业分散生产的产品集中起来进行储存，然后按零售商的需要将其分成小批量及时批发出去，促使产品的大规模销售。

扩散功能:一般批发商都集中在大城市,而中小批发商集中在地方性小城市(县)。批发商从生产企业收购的商品,通过大规模的分销,并通过宣传和介绍产品,即可将产品扩散到广大的市场。

平衡功能:一般批发商都有雄厚的资金和储备,可以大批量采购、小批量销售,也可以小批量采购、大批量销售。可以从两方面发挥平衡的功能:一是在产品品种上通过收购代替客户选购产品,将各种货物进行有效搭配,以节省时间;二是在产品销售的时间上,通过收购和储存,保证产品源源不断地销售给用户不至于影响客户的使用。

服务功能:主要是为生产企业和零售商服务。批发商在销售业务活动中,对用户欲求理解深透,能广泛地收集信息,从而能够为生产企业和零售商提供有关产品和市场方面的情况,同时批发商还常常帮助零售商改进营销管理,如为零售商培训人员、举办展销活动、提供技术服务等。

避险功能:由于批发商大批量的收购和储存产品,因而分担了一部分生产企业和零售商的风险,如分担所购产品在运输、储存中的损耗、产品积压以及赊销中的挂账风险。批发商的这些功能,只有当生产企业、零售商与批发商进行良好的合作时,才能充分发挥出来。

(2)零售商。零售商是指批量购进,零星售出,在产品购销过程中获取零售商业利润的单位或个人。零售商是各种产品流通的终点,产品一经卖出,即退出流通领域而被养殖用户所利用。

①零售商的类型。按照零售额、商品种类和经营规模可分为:

综合性门市部指经营饲料及各种饲料添加剂的综合性零售商店。主要集中分布于养殖业较发达的区域,经营的品种齐全。

专业性门市部是指专门经营某一类或某几类产品的零售商,所经营的专业性较强,如饲料门市部、兽药门市部,以及禽病门诊部、猪病门诊部等。

②零售商的功能。为养殖户服务饲料兽药的零售商分布的网点多,销售方式灵活,可以销售单一的产品,也可以在服务的同时销售产品;能向用户提供品种齐全、数量充足、质优价廉的各种产品;通过增设网点,延长营业时间、拆整卖零、赊销记账、预付订购、分期付款等形式,可满足不同用户的需求,还可以送货上门、售后服务或包退包换等形式为用户服务。

为生产服务在产品购进时,零售商与生产者或批发商紧密相连;在产品售出时,零售商与养殖户广泛接触。因此,零售商最了解市场状况,可为生产企业提供有用的市场信息,帮助生产企业改进和开发产品,提高产品质量。

(3)代理商。它是受生产企业委托并为其销售产品的组织和个人。它不拥有产品所有权,只是协助企业实现产品从企业到客户的所有权转移,以完成销售量为条件,从中获取一定比例的代理报酬。

代理商的主要作用是:可以扩大产品销售的市场面;可以使新产品迅速进入市场;可增加企业的信息来源;可为企业增加销售渠道等。其主要类型有以下几种:

①厂家代理商。即生产企业代理商,他们按照生产厂家规定的产品销价和有关销售条件,在指定区域范围内代理产品销售。产品销售后,获取一定的佣金。采用这种代理商一般是在生产厂家自己缺少销售员或产品种类很少,在开辟新市场时或在潜在用户不多的地区,利用代理商予以帮助。

②销售代理商。也称独家代理,是生产厂家的全权代理。独立接受委托,负责代理包销生

产企业的全部产品，它不受地区的限制，且有一定的定价权。一般一个生产企业在同一时期只能使用一个销售代理商。生产企业本身不能再进行其他直接的销售活动。销售代理商要对生产企业承担较多的义务。销售代理商也实行佣金制，但其比例一般低于厂家代理商。

③寄售商。是受委托进行现货的代销业务。生产企业按照协议向寄售商交付产品，销售后所得货款扣除佣金及有关费用再交付生产企业。寄售商一般要自设仓库或店面，这样有助于客户及时购买到现货，易于成交。

④经纪人。为买卖双方提供价格、产品及一般市场信息，为买卖双方洽谈销售业务起媒介作用的中间人。经纪人与买卖双方都不签订合同，不承担义务，与买卖双方均无固定的联系，但在买卖过程中又可代表买卖任何一方，产品成交后，从中提取一部分佣金，但其比例一般较低。

2. 中间商的选择

生产企业在确定了销售渠道后，就必须对渠道成员进行认真的筛选，即挑选合适的中间商。一般来说，大企业的产品质量好，品牌知名度高，招募合格的中间商比较容易；而中小型企业由于受市场活动范围所限，品牌知名度低，招募中间商相对较难。不论企业大小，要招募中间商就要研究中间商，了解他们信誉的好坏，销售能力的强弱，销售效率的高低以及如何做出购买决定，如何看待价格与毛利、退货与保证等政策待遇的相对重要程度，因为这些内容直接影响企业产品的销售。当然，中间商同时也在研究生产厂家，希望能经销有发展潜力，能为代理批零环节创造较高盈利的产品。

饲料企业选择中间商时，应着重考虑以下几方面的情况：

(1)中间商的类型。是批发商、代理商，还是零售商？各类中间商的具体数目有多少？

(2)中间商的经营范围。企业所选用的中间商的经营范围，特别是主营范围应与本企业所生产的产品相一致。

(3)中间商的销售对象和位置。中间商的销售对象及其分布范围应与本企业的目标客户及其分布范围相一致。同时，中间商所处的地理位置应能方便订货，或方便本企业目标客户的购买，这是确定中间商的最基本条件。一般选在县及县以上城市、集镇，交通方便，成交量大的地点，确定一个或多个代理经销商。

(4)中间商的资信情况。生产企业要注意考察和了解中间商的财力状况以及是否被本企业的目标客户所信任和尊敬，中间商与相关企业的关系是否融洽等，这些也是生产者选择中间商时必须考虑的内容。如果中间商缺乏自有资金，全靠生产厂家"铺底"，销售赊购的产品肯定没有像用自有资金购得的产品那样尽心尽力。因此，对资金雄厚、资信可靠、守信履约的中间商可优先选用。对资信一般的中间商可进行现款现货交易或要求提供必要的有效担保。

(5)中间商的经营能力。中间商是否拥有一支训练有素的销售队伍，是否有足够的储运能力和营业场地，是否能向客户提供必要的技术指导，送货上门等销售服务，这些问题关系到企业产品的销量、销售成本、销售利润和市场占有率等，所以应尽量选择经营能力强的中间商。

(6)中间商的竞争情况。一般来说企业产品竞争力强，具有明显的优势，可不考虑中间商经营多少品牌的饲料，这样有利于增强本企业产品的市场竞争力，但若企业产品竞争力弱，应尽可能避免选用经销多家竞争性产品的中间商。

(7)中间商的适应性。尽可能选择那些能与本企业密切配合，并在能够兼顾双方利益的前提下灵活销售本企业产品的中间商。生产厂家要通过深入细致的市场调研，对中间商各方面的情况进行综合分析和比较之后，不难寻找到最为满意的中间商。

3. 中间商的管理

生产企业确定了具体的中间商以后，还需要对中间商进行管理，即企业应规定中间商的权利和义务，对中间商经常予以检查和鼓励，必要时对分销渠道进行调整。总之，生产者要设法解决与中间商的冲突，并以各种适宜的措施去支持和激励中间商积极分销，从而促使产品高效地流转到用户的生产中去。

(1)生产者解决冲突的措施。

①为中间商提供物美价廉、适销对路的产品，争做渠道的主导成员。这是鼓励中间商的一个重要措施，也是从根本上为中间商创造良好的销售条件。在销售中，中间商总是设法购进紧俏产品，也乐意投资于这些产品的促销。为此，生产者应根据市场需求以及中间商的要求，经常地、合理地调整生产计划，改进生产工艺，提高产品的内在质量和改换产品的外观式样，从而不断满足用户的需求，也可调整中间商的销售积极性。

②合理分配销售利润生产者与中间商协作销售，必定要给予相应的销售利润。厂家分出的利润总额，或比照同行业，或根据中间商在销售各方面的工作绩效大小去合理分配。同时，企业的定价应当考虑中间商的利益，根据市场需求和中间商的销售情况，随时调整价格策略。

③实施激励措施。生产者应当对中间商采用适度的激励措施，如各种折扣、质量保证等，但激励必须是适度的，否则激励费用过高，会使生产者盈利下降，并且在有些场合下，激励过度，会适得其反。对经过综合考评后确定的优秀中间商，应给予物质和精神上的鼓励，对特别优秀者可以授予"名誉职工"等荣誉，每年可进行一次总结表彰大会。但对于表现一般或较差的中间商应给予一定的压力，可以减少优惠条件甚至终止合作关系。

④协作促销。一些经销商往往同时批发或零售多种同类产品，他们对某个品牌产品的褒贬有时可决定着该产品的兴衰存亡，生产企业要争取中间商的配合，必须把中间商作为用户来对待。生产企业与中间商密切配合，采取各种促销方式，可极大地提高产品的声誉和销量。为赢得中间商的合作，生产企业应承担促销费用。也可将中间商请到企业进行短期强化培训，使他掌握更先进的营销知识和必备的业务知识，这样产销双方协调一致能较好地完成预期任务。

⑤提供情报信息。市场情报信息是开展市场营销活动的重要依据，企业应将所获取的市场信息及时传递给中间商，使他们心中有数。为此，企业有必要定期或不定期地邀请中间商座谈，共同研究市场动向，制定扩大销售的措施；企业也可以将自己的生产状况及生产计划告诉中间商，为中间商合理安排销售提供依据；企业还可以编写各种信息资料，如说明书、饲养技术手册、疫病防治手册、简报等，这是企业帮助中间商扩大销售的有效手段。有些企业利用行销员直接向中间商传递有关信息，起到了多、快、好、省的效果。

(2)对中间商进行定期评价。对选定的中间商应经常对其进行综合评价，看是否能和企业长期合作，并为企业带来预期的销量和利润。当发现某一中间商的绩效低于既定标准时，要找出原因及补救的办法。实在不行，可考虑予以更换。评价的标准因渠道的性质、特点和经营要求不同而定。一般来说，主要标准有：销售指标完成情况、平均存货水平、向客户交货快慢程度、与其他成员的配合程度、对客户服务的表现、以及对企业的态度等。评价结果可按优、良、一般分出中间商的等级，对优秀的中间商应给予足够的重视和照顾；对良好的应谨慎合作，提出改进意见；对达不到要求的一般中间商应考虑更换。

(3)渠道调整。随着市场诸方面因素的不断变化，原选定的销售渠道可能会出现不适应的环节或成员，此时，生产厂家应当进行渠道调整。

渠道调整有三种方式：

①调整个别的销售渠道成员。这是指在某一销售渠道模式中增减个别中间商，而不是增减该渠道模式。当某个(或少数几个)中间商经营不善，且影响到整个销售渠道时，生产者可以考虑中止与该中间商的协作关系，并在适当时候增加能力较强的经销商。有时因竞争者的渠道宽度扩大，使自己的销售量减少，也应增加中间商的数量。但在决定增减个别中间商时，对企业来说，重要的是需要作经济效益分析。

②调整某一条销售渠道。这是指增减某一渠道模式，不是指增减渠道里的个别中间商。即对原有销售渠道系统里的一条渠道进行更换，撤销或增建一条新的销售渠道。

③调整整个销售渠道。指改变整个销售渠道系统，即生产企业因某些重要原因，有时会对销售渠道模式进行大规模的调整，甚至完全废除，重新组建新的销售系统。这是企业调整渠道策略中最困难的一种，企业必须认真进行调查研究，权衡利弊，作出决策。

4. 窜货管理

窜货指的是：公司的分公司、分部、代理商、经销商不经销售中心和销售区域的分公司同意，擅自将公司产品销售到非其所属区域。

(1)窜货产生的原因。

①经销商利益至上。某些经销商、业务员为获取最大份额的年终奖励，拼命做销售，当本地市场无法满足销量时，就会越区销售；

某些经销商为了降低损失，把过期的或即将过期的产品低价出售，导致渠道溃流；

某些经销商为了利益，销售假冒伪劣产品也会引发窜货；

厂家促销时由于价格相对便宜，经销商大量进货。待活动结束后，又以相对较低的价格将产品抛向市场，造成窜货。

②企业不合理的渠道政策是祸根。窜货产生的原因是多种多样的，但究根结底，企业政策的指定、执行和控制不到位是窜货的根源所在。

企业盲目给经销商定销售目标。企业在制订销售计划时，没有充分考虑到市场实情、市场需求量，盲目地给经销商加大销量。经销商如果在本地区无法完成销量，则只有窜货一条路来保证自身利益；

企业过度重视硬指标(销售量、回款率、市场占有率)，而忽视了软指标(品牌知名度、客户忠诚度)。企业依据硬指标来确定返利的大小，各地经销商和业务员为了获得高返利，会想方设法完成企业规定的各项硬指标。若本地区完成不了，自然会将产品伸到其他地区；

价格体系管理混乱。开发新产品市场时，会有一些优惠政策。如果对享受此优惠政策的经销商管理不好，很快他们就会窜货；此外许多经销商利用厂家管理不严，大胆利用价格差价进行窜货。

从上面的案例中，我们可以清楚地看到，窜货发生之后不止是窜货的经销商最后的利润会越来越薄，企业销售利润也会遭受损失，更重要的是会损害品牌的形象。

(2)窜货的危害。

①造成市场价格混乱。在销售区域格局中，由于不同市场发育不均衡，一部分市场供不应求(甲)，另一部分市场销售不旺(乙)，为了增加销售量获取高返利，乙地区的经销商会想方设法完成销售份额，将货以低价转给甲区域的经销商，甲货过多后，又会以更低的价格转给第三

方，如此循环下去，就会造成整个市场价格混乱。或者是对于一些有明显使用期限的商品，在到期前，经销商为了避开风险，采取低价倾销策略将剩余产品倾销出去，扰乱了价格体系。

②经销商积极性受挫。经销商对产品品牌信心的树立最初是广告投放，这是空中支持；其次是地面部队的配合，就是营销监控，即企业对产品质量、价格的监控。一旦价格出现混乱，经销商的正常销售就会受到严重干扰，利润的减少会让经销商对品牌失去信心，最后会拒售商品。

③厂家利润下滑。一旦价格出现混乱，渠道的价格体系被搞乱，一些低价倾销将会直接导致渠道的利润下降；另外，价格下降，经销商的积极性受挫，会让竞争品牌趁虚而入，影响了销量，也会导致厂家利润下滑。

④消费者对品牌的忠诚度下降。窜货现象导致价格混乱和渠道受阻，严重威胁着品牌无形资产和企业的正常经营。在品牌消费时代，消费者对商品购买的前提是对品牌的信任。由于窜货导致的价格混乱会损害品牌形象，一旦品牌形象不足以支撑消费信心，消费者对品牌的忠诚度就会下降。

◈练习题

1. 怎样突破饲料企业的销售体制进行窜货？

2. 怎样管理好中间商？

3. 你如果是一名饲料经销商，你打算怎样经营？以何种方式经营？

4. 饲料销售的渠道有哪些？

参考文献

[1]纪宝成.市场营销学教程[M].北京:中国人民大学出版社,2002.
[2]卜妙金.分销渠道管理[M].北京:高等教育出版社,2001.
[3]董方雷.有效的分销管理[M].北京:北京大学出版社,2003.
[4]郝渊晓,等.市场营销管理学[M].西安:陕西人民出版社,2004.
[5]陈荣秋,马士华.生产运作管理[M].北京:机械工业出版社,2004.
[6]孟卫东,等.战略管理创建持续竞争优势[M].北京:科学出版社,2004.
[7]颜爱民,等.人力资源管理理论与实务[M].长沙:中南大学出版社,2004.
[8]饶晖.衡阳湘大有限公司营销策略研究[D].湖南大学,2006.
[9]杨北锋.饲料公司营销策略研究[D].西北大学,2007.
[10]董泽军.公司市场营销策略探讨[D].电子科技大学,2004.
[11]李金元.呼市民惠牧业公司营销策略研究[D].内蒙古大学,2007.
[12]蔡生金.公司营销策略的制定与实施[D].四川大学,2006.
[13]尚策.海大饲料战略结构优化[D].厦门大学,2009.
[14]刘绍东.长沙笑哈哈预混料公司市场营销策略研究[D].湖南大学,2009.
[15]杨隽.大明饲料服务营销体系研究[D].西北大学,2007.
[16]朱骄红.饲料市场环境与营销研究[D].暨南大学,2002.
[17]李建明.唐人神集团饲料公司营销渠道研究[D].中南大学,2006.
[18]杨北锋.饲料公司营销策略研究[D].西北大学,2007.
[19]何佳讯,卢泰宏.中国营销25年[M].北京:华夏出版社,2004.
[20]毕思勇.生态文明背景下的企业绿色营销战略研究[D].中国海洋大学,2011.
[21]王益锋.营销渠道冲突形成及控制研究[D].西北农林科技大学,2010.
[22]杨立钒.互联网环境下企业网络营销渠道选择研究[D].东华大学,2010.
[23]张利庠.大赢家:中国饲料十大名牌企业案例研究[M].企业管理出版社,2007.
[24]农业部人事劳动司.饲料营销员[M].北京:中国农业出版社,2006.
[25]秦耀明.兽药与饲料营销操典[M].北京:中国农业科学技术出版社,2006.
[26]余可发.深度营销模式在饲料营销中的运用研究[J].中国畜牧杂志,2006(01).
[27]程绍珊.深度营销为饲料企业的竞争带来优势[J].当代畜禽养殖业,2005(06).
[28]赵明.现代饲料企业营销模式探讨[J].饲料广角,2005(23).
[29]薛华."用户至上,以人为本"打造企业竞争力[J].广东饲料,2005(05).